《三国志》讲义

戴燕 著

生活·讀書·新知 三联书店

Copyright © 2016 by SDX Joint Publishing Company.
All Rights Reserved.
本作品版权由生活·读书·新知三联书店所有。
未经许可，不得翻印。

图书在版编目（CIP）数据

《三国志》讲义／戴燕著．—北京：生活·读书·新知三联书店，2017.1（2019.6 重印）
ISBN 978 – 7 – 108 – 05675 – 7

Ⅰ．①三…　Ⅱ．①戴…　Ⅲ．①中国历史 – 三国时代 – 纪传体 ②《三国志》– 研究　Ⅳ．① K236.042

中国版本图书馆 CIP 数据核字（2016）第 064025 号

特邀编辑	吴　彬
责任编辑	王　竞
装帧设计	薛　宇
责任校对	张国荣
责任印制	董　欢
出版发行	生活·讀書·新知 三联书店
	（北京市东城区美术馆东街 22 号 100010）
网　　址	www.sdxjpc.com
经　　销	新华书店
印　　刷	河北鹏润印刷有限公司
版　　次	2017 年 1 月北京第 1 版
	2019 年 6 月北京第 3 次印刷
开　　本	880 毫米 × 1092 毫米　1/32　印张 8
字　　数	159 千字　图 32 幅
印　　数	12,001 – 16,000 册
定　　价	39.00 元

（印装查询：01064002715；邮购查询：01084010542）

100 第六讲 华佗无奈小虫何
　　——《魏志·华佗传》

117 第七讲 东临碣石观沧海
　　——《魏志·乌丸传》

141 第八讲 征帆一片绕蓬壶
　　——《魏志·东夷·倭人传》

166 第九讲 出师未捷身先死
　　——《蜀志·诸葛亮传》

191 第十讲 虎踞龙盘帝王洲
　　——《吴志·吴主传》

214 后记

目 录

1 引言 《三国志》其书

1 第一讲 文采风流今尚存
——《魏志·武帝纪》

22 第二讲 吾将以时整理
——《魏志·文帝纪》

42 第三讲 半为当年赋洛神
——《魏志·明帝纪》

61 第四讲 不出房闼心照万邦
——《魏志·武宣卞皇后传》

79 第五讲 鸿鹄比翼游
——《魏志·何晏传》

引言 《三国志》其书

一

太康元年（280），晋武帝司马炎灭吴，结束了汉末以来"合久必分"的历史。这一年，陈寿（233—297）四十八岁，他从成都到洛阳，已经有十多年。泰始四年（268），原来的巴东太守罗宪有机会向晋武帝推荐他认为应该得到聘用的蜀人，名单中就有陈寿。陈寿就这样进入西晋王朝，举孝廉、为平阳侯相、任佐著作郎和著作郎。由于他在著作局的时间较长，能够接触到魏、蜀、吴三国的档案文献以及相关书籍，因此才有条件写出总计六十五篇的《魏书》《蜀书》和《吴书》。

陈寿是蜀后主建兴十一年（233）出生在巴西郡安汉县（今四川省南充市）的，这是刘禅继位的第十一年，也是蜀建国的第十三年。他两岁时，丞相诸葛亮死在汉中，接替诸葛亮的，陆续是蒋琬、费祎、姜维等。陈寿早年为姜维丞相主簿，还做过东观秘书郎、散骑黄门侍郎，都是文职。当他二十五岁前后，蜀后主任用宦官黄皓，姜维奈何不得，驻守沓中一去不还，陈寿不愿附和黄皓，因此度过了一段黯淡的岁月。而这一情形也并未维持太久，炎兴元年（263），魏军南下，蜀后主毫无抵抗，一夜之间就成了亡国之君。

这是在陈寿而立之年发生的一场重大变故。这个历史性的变化，在他心里有过怎样的震荡？

清代最负盛名的学者王鸣盛曾说："计蜀亡之岁，寿年已三十有一，旧君故国之思，最为真切，具见篇中，可一一寻绎而得之。"（《十七史商榷》卷三九"陈寿史皆实录"条）他认为陈寿伤悼故国旧君的心情，都可以在《三国志》字里行间看到。这话不是没有道理。《蜀志·后主传》在写到后主向邓艾递上降书、邓艾接书大喜时，忽然插进一笔，讲当天后主的儿子刘谌"伤国之亡，先杀妻子，次以自杀"，寥寥数字，把皆大欢喜底下的一点血腥气，就这么给挑了出来。《蜀志·姜维传》写到姜维那时正在剑阁与钟会对峙，一面等待后主的决定，是固守成都还是东入于吴，又或南下建宁，最后等来的却是缴械命令，他的军队只好"投戈放甲，诣（钟）会于涪军前，将士咸怒，拔刀砍石"。拔刀"砍石"而不是拔刀"向敌"，两个字的差别，也泄露出蜀军将士的悲愤满怀。这些看似不经意的描写，都表现出蜀人在这一历史转变时刻的挫败感、屈辱感，如果没有同样深刻的体验，陈寿恐怕也很难捕捉到这样的细节。

因此，当他后来身居洛阳编写三国史时，面临的一个难题，便是如何在魏、蜀、吴三国的历史书写中，融入自己的观察和体验，在故国与新朝、过去与现在之间，做出自己的评断。对于一个史家来说，这几乎又是前所未有的挑战，司马迁作《史记》、班固作《汉书》，都不曾遇到这样的问题。

二

蜀景耀六年（263），魏国大将邓艾、钟会、诸葛绪率军数道并攻，后主刘禅无力抵抗，似乎只剩下借改元换运气这一招，便匆匆忙忙改了"炎兴"的年号。可是没过几个月，邓艾就攻下绵竹，眼看要到成都，这时，听从光禄大夫谯周（201—270）的建议，后主"舆榇自缚"，自己抬着棺材向邓艾请降去了，请降书中还写着：魏的"天威既震"，蜀"敢不革面，顺以从命"？蜀军投戈释甲，仓房府第也完好无损，现在都交给"王师"，只希望"百姓布野，余粮栖亩"的局面，得以保全。

对于不战而降一事，陈寿的评价是："刘氏无虞，一邦蒙赖，（谯）周之谋也。"（《蜀志·谯周传》）以为蜀能躲过生灵涂炭这一劫，功劳全在谯周。而在大兵压境之下，提议以投降换和平的谯周，正是陈寿的老师。

在《蜀志》里，陈寿为谯周写了一篇很长的传。谯周是巴西西充（今四川省南充市）人，受诸葛亮提拔，为劝学从事、典学从事，官至光禄大夫。陈寿形容他是一个"家贫未尝问产业""体貌素朴，性推诚不饰"的纯粹学者，经史方面的成就可比董仲舒、扬雄一流大学问家，并不直接参与政治，可是"以儒行见礼"，也常被官方顾问。《谯周传》所记载他的四篇上疏和廷论，都是针对时局发言。

这些上疏和廷论，表现出谯周在政治上认同的还是汉王朝，他认为三国就像西汉末王莽时代，汉家历运中衰，正等待汉光武帝刘秀那样的人出现，"再受命"。他把希望放在后主刘禅身上，当后主守完三年父丧，他劝其削减乐宫和后宫经费，讲的就是刘秀如何"务理冤狱，节俭饮食，动遵法度"而"以弱为强"、终成帝业的道理，当魏军迫近，他劝后主不要去"南方远夷之地"避难，也是拿刘秀当年不因王郎在邯郸称帝就远走长安、失去民心，作为理由。

他还认为三国鼎立，蜀、魏"传国易世"到了第二代，就好比周朝后期，"实有六国并据之势"。六国并据，就与秦末的"豪强并争，虎裂狼分"不同，因此他也反对刘邦式的"仗剑鞭马而取天下"。他说蜀国要"以少取多""以弱毙强"，只有学周文王"养民"、勾践"恤众"，学汤武之师的"不再战而克"，而不是"军旅数出、百姓凋敝"（《仇国论》）。

至于他阻止后主最后往南中避难，也不同意向东吴求援，则是由于他知道，第一，南中曾经在诸葛亮强大的军事压力下屈服，但那是暂时的，并不代表他们真心服从，有诚意接纳。第二，"大能吞小"，也就是说"魏能并吴，吴不能并魏"是势所必然，与其降吴后还要降魏，"再辱之耻，何与一辱"？在最后的上疏中，他还说：

> 故尧、舜以子不善，知天有授，而求授人；子虽不肖，祸尚未萌，而迎授与人，况祸以至乎！故微子以殷王之昆，面缚衔璧而归武王，岂所乐哉，不得已也。

这里提到尧、舜见自己儿子不成器，便传帝位给贤良的舜和禹，又提到殷纣王庶兄微子见"纣不可谏"，便归顺周武王，获封于宋。讲这两个故事，当然是为了安抚后主，说明降魏就等于尧、舜的禅让与微子的从善如流，是万不得已中最好的选择。

后主投降后，果然以"爱民全国"获魏封安乐乡公，举家迁居洛阳，食邑万户，奴婢百人。谯周也因"有全国之功"，获封阳城亭侯。

三

蜀后主后来又见到魏晋禅代，在洛阳，活到泰始七年（271）。谯周则是泰始三年（267）奉召到洛阳，三年后去世。在他去世前一年，陈寿返乡，去向他告别。谯周说：孔子死于七十二岁，刘向、扬雄死于七十一岁，我年过七十，恐怕也无缘再见面。陈寿说谯周能预知自己的死期，是"以术知之"。

陈寿说的"术"，即数术，是古人通过天象、气象、物候等的观测，推断人事吉凶的一套办法。这一套办法，在汉代极其流行，也极其复杂，《汉书·艺文志》有"数术略"归纳这方面的书籍，就包括天文、历谱、五行、蓍龟、杂占、形法等，五花八门，现代考古也发现在当时的书籍里，这一类几乎占了最大宗。三国时代的蜀地学者，见于《三国志》记载的周群、张裕、杜琼等人也都很擅长这一套，私底下，根据《春秋谶》的"代汉者当涂高"，他们早就在议论"代汉者当涂高"指的是魏，因此对蜀国的前景并不乐观，只不过在诸葛亮的蜀国，官方对这一套兴趣不大，"灾异靡书"（《蜀志·后主传》），这些舆论大概只是在蜀地"乡党学者"之间传播（《蜀志·周群传》）。谯周就是从杜琼那里学到这套方法，举一反三，"由杜君之辞而广之耳"，不仅准确预见了司马昭的死期和他自己的死期，还根据刘备、刘禅父子的名字，说"备"就是具有、"禅"就是授予，推测出蜀国的命运，必定是建于刘备而终于刘禅。景耀五年（262），宫中有大树突然折断，他又据以推定曹魏的运势不可阻挡，蜀国则已走到尽头，于是公开声称："众（预示'曹'）而大（预示'魏'），期之会，具而授，若复何？"（《蜀志·杜琼传》）

从语言文字或自然现象中看到这种政治性暗示的，又叫"谶"。谶的依据，是建立在政治与天意具有相关性的认识上，视天子及王朝的合法性为"天命所授"。谶纬之学在汉代特别是东汉也很兴盛，借助"阴阳五行"原理，汉代人还创造了一种叫做"五德终始"的学说，讲的是天子必要得到五行中的一德，譬如黄帝土德、秦始皇水德，才表明上天赋予了他某种神圣性和权威性。土德衰，木克土，而木德起，水德衰，水生火，而火德起，自五帝以来的一个又一个王朝，就是按照这样金木水火土的顺序，循环往复、周而复始。顾颉刚写过一篇很长的论文《五德终始说下的政治和历史》，把汉儒制造并利用"五德终始说"的来龙去脉讲得相当清楚，说明它既是一种通往未来的政治学说，也是一种解释过去的历史理论。

谯周撰有二十五卷的《古史考》，主要是针对《史记》

记载的周秦以上历史加以考辨，书已经亡佚，但有不少片段保留在《史记》三家注里，现存尚有清人辑佚的一卷本，显示他在古史方面学问很深，也显示他受到"五德终始论"的影响。据唐代刘知几说，他曾有意立异，将司马迁所写李斯遭秦二世斩，改为"秦杀其大夫李斯"（《史通·模拟》）。称秦的宰辅李斯为"大夫"而非"丞相"，意思就是秦还没有"变诸侯为帝王"，而否认秦始皇父子已经成为天子、否认秦朝在历史上已经有过它的正统性，正是过去一班汉儒的想法，他们说汉代火德是周代木德所生，汉应该直接上承于周，秦以水德介乎周、汉之间，因此享国不久。谯周的历史观，可能就是受到他们影响，他也相信王朝的命运是由天命所决定。因此，他曾说："《易》曰：'亢之为言，知得而不知丧，知存而不知亡；知得失存亡而不失其正者，其惟圣人乎！'言圣人知命而不苟必也。"（《蜀志·谯周传》）意思就是必须要了解存亡得失的天下大势，了解这一大势，才能理性地顺应它的变化。他是这样看待历史，也是这样看待现实。

在谯周的时代，无论蜀或吴，又或魏，"五德终始"仍是很重要的政治学说。当汉献帝禅位于魏文帝的时候，除了有"代汉者当涂高"这样的谶言四处流传，就是汉献帝自己，也对魏文帝说了一通"汉道陵迟""天之历数在尔躬"之类的话。汉献帝亦曾援引历史上的故事，说："昔者帝尧禅位于虞舜，舜亦以命禹，天命不于常，惟归有德。"（《魏志·文帝纪》）拿尧的让位于舜来比喻自己的退位，这跟谯周说服蜀后主投降时讲的一番道理,实在异曲同工。

四

谯周年轻时,据陈寿说,还曾向广汉绵竹的秦宓(?—226)问学,并记录下他的谈话,作《春秋然否论》。

秦宓在诸葛亮时代官至大司农,不仅才华出众,号为"一时之才士",更有很深的蜀地情结。他曾说:"蜀有汶阜之山,江出其腹,帝以会昌,神以建福,故能沃野千里。淮、济四渎,江为其首,此其一也。"意思是蜀有巍峨的岷山、奔涌的长江、丰饶的大平原,带来沃土千里,深受上天的眷顾。他又说:"禹生石纽,今之汶山郡是也。昔尧遭洪水,鲧所不治,禹疏江决河,东注于海,为民除害,生民以来功莫先者,此其二也。"禹生石纽,据李学勤说,是从"大禹出于西羌"的传说而来(《禹生石纽说的历史背景》),如《史记·六国年表》已说到"禹兴于西羌",《蜀王本纪》则说是"禹本汶山郡广柔县人也,生于石纽"。而秦宓之所以强调禹出生于蜀的汶山郡,自是要表明蜀地不仅有得天独厚的地理条件,生活富裕,蜀人中还有禹这样杰出的祖先。

秦宓还认为蜀地的先贤人物,过去只重视扬雄曾经推荐的严君平、李弘,这是不够的,应当增加司马相如、扬雄,这四个人,都值得为他们建祠堂。因为扬雄本人和他的著作影响力巨大,"邦有斯人,以耀四远",司马相如对于"蜀学"之建,"比于齐、鲁",也有很大贡献,他为汉武帝封禅大典制礼作乐,更是董仲舒都不曾有的荣耀。

在《蜀志·秦宓传》里，陈寿又特别提到"初，宓见《帝系》之文，五帝皆同一族，宓辨其不然之本"。《帝系》是《大戴礼记》中的一篇，《大戴礼记》相传为西汉时的戴德所编，保存了不少汉代关于礼的资料，其中《帝系》叙说上古帝王的世系，是以轩辕黄帝为首，下面依次为黄帝产玄嚣、玄嚣之孙为帝喾，黄帝又产昌意、昌意娶蜀山氏而生颛顼，颛顼第五代孙为舜，帝喾之上妃姜原产后稷、次妃简狄产契、次妃陈隆氏产尧等等。而对于从黄帝到帝喾至于帝尧、从黄帝到帝颛顼至于帝舜的这样一个所谓"五帝皆同一族"的系谱，秦宓是如何"辨其不然之本"，现在已经无法知其详，但是《大戴礼记》中的这一篇《帝系》与另一篇《五帝德》既为《史记·五帝本纪》所本，谯周在向秦宓问学之后，针对《史记》写下《古史考》，想必他是接受了秦宓的观点。

"五帝皆同一族"，是汉代大一统以后更被强化的观念，它说的是华夏民族出于一个祖先，突出的是中国历史、文化的同一性，按照《史记·五帝本纪》的表述，就是"自黄帝至舜、禹，皆同姓而异其国号，以章明德"。但是，在五帝的这一系谱里面，由于黄帝之子昌意是与蜀山氏即蜀的妇女结婚生下颛顼，如《大戴礼记·帝系》说黄帝娶西陵氏之子，"产青阳及昌意。青阳降居泜水，昌意降居若水。昌意娶于蜀山氏，蜀山氏之子谓之昌濮氏，产颛顼"，《史记·五帝本纪》亦称黄帝之子昌意"降居若水。昌意娶蜀山氏女，曰昌仆"，生颛顼，因此，一方面可以说在颛顼的身上，就有了蜀人的基因,蜀和中原血脉相连,早已是华夏文明的一部分,如褚少孙补《史记·三代世表》,还说蜀人也是黄帝的后代:"蜀王,黄帝后世也,至今在汉西南五千里,常来朝降,输献于汉,非以其先之有德,泽流后世邪?"而另一方面,也证明蜀原有独立的起源,华夏民族来源复杂,从一开始,它的同一性就是建立在多元性的基础之上的。

《史记》按照《帝系》,说禹是颛顼的孙子、契是帝喾与有娀氏女简狄所生、后稷是帝喾与有邰氏女姜原所生,而禹、契、后稷分别是夏、商、周的祖先,也就是说三代统出一源。在《史记·夏本纪》中,禹的最大贡献,又被描绘成是继承尧、舜的事业,"开九州,通九道,陂九泽,度九山",而令夏王朝"九州攸同""声教讫于四海",可是,在陈寿撰写的《蜀志·秦宓传》里,却可以看到秦宓特别指出夏的始祖禹是出生在蜀地,他于这一点似乎特别感觉荣耀,显示他对蜀有强烈的认同。据说谯周作《蜀本纪》,也因循其说,以为"禹本汶山广柔县人也,生于石纽,其地名刳儿坪"(《蜀志·秦宓传》裴松之注引),可见在对蜀的认同方面,他和秦宓的立场是完全一致的。

五

谯周"为世硕儒",在蜀曾掌管教育,门弟子不少,据《晋书》就可知有陈寿、文立、李虔、罗宪、李密、杜轸等,当时还有"(文)立为颜回,陈寿、李虔为游夏,罗宪为子贡"的说法。

蜀亡国后,他的这些弟子陆续都被魏、晋叙用,跟随时代的大潮翻卷。如巴郡临江人文立,入晋后拜济阴太守,官至散骑常侍。他曾上表晋武帝,要求起用"流徙中畿"的诸葛亮、蒋琬、费祎等蜀人后代,"一以慰巴蜀之心,其次倾吴人之望"(《晋书·儒林·文立传》),都如愿以偿。还有像成都人杜轸,入晋后在南北各地任职,均有建树,为建宁令,"夷夏悦服",为池阳令,"百姓生为立祠",官至尚书郎(《晋书·良吏·杜轸传》)。其中比较特殊的是罗宪,他在蜀时已为太子舍人、宣信校尉,亡国前,正当巴东太守并都督巴东大将军副贰,那时成都已失守,他在永安城,却还与趁势袭击的吴军激战,蜀亡后,因此获魏封侯,泰始三年,又进位冠军将军、假节。翌年,在华林园的宴会上,由于晋武帝问到"蜀大臣子弟、后问先辈,宜时叙用者",他开列出一个十来人的名单,其中就有杜轸,也有陈寿(《蜀志》卷十一裴松之注引《襄阳记》)。

与陈寿经历最为接近的,是犍为武阳(今四川省眉山市彭山区)人李密。李密在蜀时为从事尚书郎、大将军主簿、太子洗马,因"有才辩",还常出使东吴。泰始初年,晋武帝诏他为太子洗马,他以奉养九十六岁的老祖母为由上表请辞,上表中有"圣朝以孝治天下"的恭维话,让武帝龙心大悦,特许他奉养祖母,而先不到官。他的这封请辞表,也叫《陈情表》,后来被收入《文选》,作为经典文学,一直到清人编《古文观止》,仍加收录。而在这篇上表里,李密既谈到自己"少仕伪朝"的经历,也自称"亡国贱俘"，他这种自我审查、自行贬低的姿态，多少反映出蜀的亡国，对蜀人来说，不仅仅是一个天翻地覆的政治事件，还迫使他们要重新检讨自己的历史，并接受蜀国并不具有合法性的观念，蜀国的历史是一段不被承认的历史。

后来李密也到了洛阳，司空张华问他对蜀后主的看法，他说就像齐桓公，用诸葛亮能抗魏，用黄皓能丧国。张华又问他诸葛亮"言教何碎"，他说：如果是舜、禹、皋陶在一起谈话，自然简雅。可是《大诰》不也琐碎？因为它记的是周公对普通人的谈话。诸葛亮谈话的对象水平都不高，他的言论被记录下来，当然就很平常琐屑（《晋书·孝友·李密传》）。

泰始十年（274），陈寿整理编定《诸葛氏集》，在《诸葛氏集序》中，他也提到有人批评"（诸葛）亮文采不艳，而过于丁宁周至"，他同样是拿《尚书》里的《皋陶谟》和周公《大诰》做对比，说前者"略而雅"、后者"烦而悉"，是由于"皋陶与舜、禹共谈，周公与群下矢誓"，谈话对象不同，语言风格也便不同，诸葛亮"所与言，尽众人凡士"，面对众人凡士，又能讲什么高妙的道理？"故其文指不得及远也"。

《三国志》编写在前，《晋书》编写在后，相同的说法，出自陈寿和李密两个不同人之口，也许是后来《晋书》的作者张冠李戴，把属于陈寿的记录搬到了李密头上。不过，这两个人在很多方面确有共通性，对诸葛亮，大概也有同样的看法，值得注意的倒是他们极尽维护的态度，表现出面对

"上国"，蜀人仍有很强的自尊心。

六

陈寿的传记，见于东晋常璩所撰《华阳国志》与唐代房玄龄等编写的《晋书》。根据其中两篇《陈寿传》的记载，恰如谯周所预见，陈寿"以才学成名"，可是一生并不顺遂。早先他遭人举报在父丧期间让侍婢制药，在蜀国就受到舆论谴责，他也曾以奉养老母为由辞去长广（治所在今山东省莱阳市）太守，可是后来却又因母亲死后将她葬在洛阳，并没有归乡，再遭到谴责，两次都影响到仕途。

不过，他跟谯周学习历史，在蜀国已做过史官，泰始四年（268）后入晋，得到位高而又博学的张华赏识，加入著作局，终究人尽其才，并由此收获他人生中最大的成就。首先，是在泰始十年编定《诸葛氏集》（又名《诸葛亮集》），然后，是在吴亡而"天下一统"的太康元年（280）到太康六年（285），编写出魏、吴、蜀《三国志》（参见杨翼骧《中国史学史资料编年：先秦至隋唐五代卷》），直至晋惠帝元康七年（297）他死以前定稿。

这前后大约十六七年，如果从何进与袁绍召来董卓、谋诛宦官，从此"京都大乱"算起，差不多就是汉末以来将近一百年里最安定的一段时间。经过六十年的三国分裂，统一的西晋王朝也迎来它的黄金时代，就像稍后干宝在《晋纪总论》中的描述："天下书同文，车同轨，牛马被野，余粮栖亩。"陈寿二十多万字的《三国志》就是在此期间完成。

而等到陈寿去世,事实上,距离"天祸晋邦"(惠帝语)又已经不远。不久,江统就在他著名的《徙戎论》里发出"四夷之中,戎狄为甚"的警告,索靖也带着"会见汝在荆棘中"的担忧与洛阳宫门的铜驼告别。陈寿死后十年,晋惠帝便死于"八王之乱",随后晋怀帝、晋愍帝也相继死于永嘉之乱后的"天下崩离"中,而整整二十年后,当晋元帝在从前东吴的首都建邺(今江苏省南京市)登基,建立东晋王朝,原来为西晋所有的北方大部,都变成为"胡族"相争之地,短短三十余年的西晋"大一统"彻底结束,中国又再一次陷入更长久的南北分裂当中。

《三国志》的编写,因缘际会,恰好是在西晋"大一统"的年代完成。

正是由于有政治上的统一,才有重建"大一统"话语的要求,要求文化上也实现东西南北的合流。于是在这个时代,既有像年轻的诗人左思写下《三都赋》,以魏、蜀、吴三国的首都为题材,实际讲述"正位居体者,以中夏为喉,不以边陲为襟"而"榷惟庸蜀与鸱鹊同巢,句吴与蛙黾同穴,一自以为禽鸟,一自以为鱼鳖"的道理,也有来自蜀国的陈寿写下《三国志》,叙说魏、蜀、吴三国的历史。而三国历史的叙述,在政治"大一统"的前提下,势必也要像《三都赋》写到西蜀公子、东吴王孙最终都被魏国先生折服,心甘情愿地接受"日不双丽,世无两帝,天经地纬,理有大归"的现实,而显示从魏、蜀、吴各自独立到西晋统一的历史脉络。

值得注意的是，若非从三国分立走向统一，无论在观念还是在技术上，都很难想象会有同时书写三国史的必要，也很难想象会有基于丰富史料来全面把握三国史的可能。当然另一方面，立足于统一的西晋回看三国历史，从新朝看故国，也不是简单地忠实于故国历史就能够满足，最重要的，是要把故国历史、把三国各自演化的历史，按照新朝的观念，编入一个大一统的新的体系。

从故国到新朝，从分裂到统一，不要说观念上的颠覆和更新，就是在现实生活里，遭遇的困境也相当不少。

太康元年，东平王相王昌就遇到一个事关礼律和人情的难题。他父亲王毖原来住在长沙，有妻子儿女，"汉末使入中国"，刚好"吴叛"，回不去，便留在魏王手下，从此与妻子儿女"死生隔绝"，后来娶了王昌母亲。西晋"江表一统"后，王昌得知他父亲的前妻即他的前母已死，以为应该去替她服丧，他的上司东平王楙便提出这个案子，根据《晋书》的记载，在当时就引起一场关于礼的大讨论，博士、大臣及诸王纷纷表态。有人认为王毖先后娶两个妻子，是不得已，并非道德有亏，他的两个妻子，也该享有同等待遇，可是有人却以"礼不二嫡"为由反对，说王毖"更娶之辰，是前妻义绝之日"，假定他们三人都在世，也是不可能任由"二嫡专堂，两妇执祭"的，怎么能对他两个妻子一视同仁？陈寿当时为著作郎，他也就此发言，主张"礼无二嫡"，已经明白交代不能让两个都得到妻子同等待遇，但是如果王昌的父亲和他两个母亲都活着，便也不能无视他前母的存在，当然，若是王昌的父亲带了他的前妻之子到中原，前母去世，便要按照"出母"亦即母亲被离婚的规矩去做，问题是王昌的父亲从来"无弃前妻之命"，那么，王昌的异母兄长自然是要替他母亲服丧的，王昌则"无疑于不服"。

这是西晋灭吴以后，发生在过去吴人身上的个案。正如当时人所说，"礼为常事设，不为非常设也"，像这样"夫妇殊域""亡父母不知其死生"，是在三国分裂的"非常"时期造成的（《晋书·礼志中》），并不能按照常规去理解、去处置。而正是因为有从蜀到魏再到西晋时代的首都洛阳的经历，这种地理上的迁徙和时间上的推移带来的特殊体验，让陈寿能够体会到王昌面对的，其实是一个历史造成的复杂的家庭遗产，而在历史的重大转折时刻，个人是何等的无助和渺小。当然，他更清楚地知道，历史就是历史，过去就是过去，今天的人实在不必为过去负责，"圣人知命而不苟必也"，所以，他认为解决历史遗留问题的方案，就是承认历史，更尊重现实。

七

作为谯周的得意弟子，正如谯周以及秦宓都有很深的蜀地情结，陈寿的"旧君故国之思"，他的乡土之情，恰如王鸣盛所说，都掩埋在《三国志》的叙述当中，从他还专门为蜀人写有《益部耆旧传》也可以看出来。不过，自从东晋的习凿齿发表《晋承汉统论》，主张"以晋承汉"，反对"虚尊不正之魏"，认为"汉末鼎沸五六十年"，实际是"吴魏犯顺而强，蜀人杖正而弱"，对陈寿的《三国志》，渐渐地就有了一种批评的声音，说他一个蜀人，却处处站在魏的立场，不为故国张目，让人看了不舒服。如唐代的历史评论家刘知几，就特别重视习凿齿在《汉晋春秋》里把魏武帝当作"篡逆"、称蜀亡即汉亡的写法，评价他"以魏为伪国"，乃是"定邪正之途，明顺逆之理"（《史通·探赜》）。

持这一观点而影响最大的，是南宋朱熹的《资治通鉴纲目》。《资治通鉴纲目》本来是依据北宋司马光主编的《资治通鉴》而编写，《资治通鉴》写三国历史，采取的是魏的年号，表示魏为正统所在，然而朱熹认为"三国当以蜀汉为正"（《朱子语类》卷第一百五），到了《资治通鉴纲目》，统统改为蜀汉纪年。而这一做法，居然得到后来如元代赵居信的大加赞扬，称"一旦《通鉴纲目》之书出于千载之下，褒贬笔削，善恶俨然，向之讳诬之说，洗涤无疑，千载不平，一时净尽"（《蜀汉本末序》）。明清时代有名的小说评点家金圣叹也曾说："以正统予魏者，司马光《通鉴》之误也，以正统予蜀者，紫阳《纲目》之所以为正也。"（《读三国志法》）

"正统"这个观念，传统史家看得很重，尤其当分裂时代，更是要争正统，也就是要争一个意识形态上的合法性，所以南宋的洪迈说"晋魏以来，正闰之说纷纷"（《容斋随笔》），意思是讲东晋南北朝以来，对于谁是正统，讲究得最厉害。这样，在历史叙述尤其是分裂时代的历史叙述中，便有了"正"与"不正"的区别，代表对历史的是非、善恶的

评判，故欧阳修说："正者，所以正天下之不正也；统者，所以合天下之不一也。"（《正统论》）

陈寿之为后来人诟病，主要就是他没有在《三国志》里替蜀国争一个正统。没有替蜀国争正统的表现，过去人又总结为大体两点：一是《三国志》中，只有《魏志》设了"纪"，分别为《武帝纪》《文帝纪》《明帝纪》和《三少帝纪》，《蜀志》写刘二牧（刘焉、刘璋）、先主刘备、后主刘禅，都只称"传"，《吴志》写孙破虏讨逆（孙坚、孙策）、吴主孙权、三嗣主孙亮，也称"传"，这显然是对刘备父子不尊重。因为当时的史书主要有两种体例，一种是《春秋》式的编年体，一种是《史记》式的纪传体，由司马迁开创的纪传体史书是以个人传记为中心的，为体现人物的地位不同、身份各殊，他把帝王传都叫"本纪"，贵族和大夫传叫"世家"，普通人的传才是"列传"。班固的《汉书》也沿用了这个体例。陈寿模仿《史记》《汉书》的写法，他对人物的评价包括支持这种评价的历史观、价值观，也就通过他对纪、传的分配传达出来，这就是说魏是正统所在，蜀、吴都非正统。《蜀志》又不像《魏志》那样，第一个写的就是魏武帝曹操，它还是以刘焉、刘璋为卷首，所以刘知几就曾怀疑它"岂以蜀是伪朝，遂乃不遵恒例？"（《史通·编次》）

二是古时称天子死为崩，诸侯死为薨、殂，不同称谓，显示尊卑有别。《三国志》写曹操、曹丕、曹睿之死，都说是"崩"，写孙策、孙权之死，为"薨"，写刘备之死，则是"殂",而刘禅之死是"薨"。这些用字,代表了陈寿对这些历史人物的不同定位,于刘备、刘禅自然也很不公平、不尊敬。

这是过去人对陈寿的批评。当然也有人为他辩护,譬如清代编写《四库全书总目提要》的四库馆臣就讲,陈寿身为晋武帝臣下,这样做,是迫于时势,"晋武承魏之统,伪魏是伪晋矣,其能行于当代哉?"后来梁启超的《论正统》也是发挥这个观点,认为陈寿如果不以魏为正,就等于是在挑战继承了魏的晋的合法性:

> 自古正统之争,莫多于蜀魏问题。主都邑者,以魏为真人,主血胤者,以蜀为宗子,而其议论之变迁,恒缘当时之境遇。陈寿主魏,习凿齿主蜀,寿生西晋,而凿齿东晋也。西晋蹑旧都,而上有所受,苟不主都邑说,则晋为僭矣,故寿之正魏,凡以正晋也。

现代人已经不大会基于过去的正统观责怪陈寿,相反,很多学者都出来替他平反。金毓黻就指出陈寿以三国史并列分署,来表示三国的鼎立,而不是像《晋书》的那种办法,譬如只写一个"魏书",将蜀、吴都以"载记"的形式附录其下,已经是表现出他虽未帝蜀,也未尝尊魏的立场(《中国史学史》)。还有人考究得更仔细,他们注意到在《三国志》里,对孙权、孙皓,始终是称"权""皓",而对刘备、刘禅,却是称"先主""后主",刘备的夫人也叫"皇后",

这一类"春秋笔法",也证明了在陈寿心里,旧君仍是旧君,故国仍是故国。

八

传统史书,既能够通过体例、笔法来传达作者的褒贬、爱憎,而事实上从《史记》开始的纪传体史书,承袭《左传》的"史臣曰",在各篇纪传的末尾往往也加一段史评,在《史记》中叫"太史公曰",在《汉书》中叫"赞",《三国志》叫"评曰",与纪传本身需要比较严格地遵循史料不同,这些评论表达史家的立场、好恶更加明确。

譬如在《魏志·武帝纪》的"评曰",陈寿就这样写道:

> 汉末,天下大乱,雄豪并起,而袁绍虎视四州,强盛莫敌。太祖运筹演谋,鞭挞宇内,揽申、商之法术,该韩、白之奇策,官方授材,各因其器,矫情任算,不念旧恶,终能统御皇机,克成洪业者,惟其明略最优也。抑可谓非常之人,超世之杰也。

通篇是对曹操过人才能以及豁达心胸的赞美,没有一个字的贬损。如果与《董二袁刘传》的"评曰"合起来,同时来看陈寿对汉末其他豪杰之士的评价:

> 董卓狼戾贼忍,暴虐不仁,自书契以来,殆未之有也。袁术奢淫放肆,荣不终己,自取之也。袁绍、

刘表咸有威荣器观,知名当世。表跨蹈汉南,绍鹰扬河朔,然皆外宽内忌,好谋无决,有才而不能用,闻善而不能纳,废嫡立庶,舍礼崇爱,至于后嗣颠蹙,社稷倾覆,非不幸也。昔项羽背范增之谋,以丧其王业,绍之杀田丰,乃甚于羽远矣!

不要说董卓、袁术不堪比较,就是原本基础雄厚的袁绍、刘表,也有致命的缺陷,袁绍名声很大,实际也不如项羽,而这也就是曹操能够在中原之地力克群雄、脱颖而出的原因。

在这个大的局面之下来看刘备。《蜀志·先主传》的"评曰"说:

> 先主之弘毅宽厚,知人待士,盖有高祖之风,英雄之器焉。及其举国托孤于诸葛亮,而心神无贰,诚君臣之至公,古今之盛轨也。机权干略,不逮魏武,是以基宇亦狭。然折而不挠,终不为下者,抑揆彼之量必不容己,非唯竞利,且以避害云尔。

对刘备的评价,主要是比照曹操,因为这两人是蜀和魏的实际开创者。陈寿赞扬刘备"知人待士"的热诚堪比汉高祖刘邦,举国托孤给诸葛亮也是前所未有的壮举,他个人又有折而不挠的毅力和不为人下的勇气,但是,他也承认刘备的"机权干略"不及曹操,拥有的地盘更无法相比,并且他以为刘备对此也有自知之明,所以选择避害而不是正面与曹操交锋。

至于孙吴,在《吴志·孙破虏讨逆传》的"评曰",陈寿说:

> 孙坚勇挚刚毅,孤微发迹,导温戮卓,山陵杜塞,有忠壮之烈。策英气杰济,猛锐冠世,览奇取异,志陵中夏。然皆轻佻果躁,殒身致败。且割据江东,策之基兆也,而权尊崇未至,子止侯爵,于义俭矣。

在《吴主传》的"评曰",又说:

> 孙权屈身忍辱,任才尚计,有勾践之奇,英人之杰矣。故能自擅江表,成鼎峙之业。然性多嫌忌,果于杀戮,暨臻末年,弥以滋甚。至于谗说殄行,胤嗣废毙,岂所谓贻厥孙谋以燕翼子者哉?其后叶凌迟,遂致覆国,未必不由此也。

比起对待曹操和刘备,一个晋之先行魏的奠基人、一个故国先祖,如果说对孙坚,他尚能网开一面,可是对孙策和孙权,他劈头盖脸的批评就要尖锐得多。尤其是对孙权,在两篇传的"评曰"中,接连斥责他心狠手辣又疑心太重,越到晚年越变本加厉,最后废太子、立少子而致吴亡,措辞之激烈,使后来为《三国志》做注的裴松之都看不下去，纠正他说："孙权横废无罪之子，虽为兆乱，然国之倾覆，自由暴（孙）皓。"

上述关于汉末群雄及三国第一代领袖人物的评价，既包含了陈寿对于三国历史局面之形成的分析，也表达了他的认同，首先就是对吴的绝对否定和排斥，其次是对蜀的既肯定又反省，然后是无条件地服从魏。

这一态度和立场，也表现在他对亡国之主的评价中。如《蜀志·后主传》的"评曰"说：

> 后主任贤相则为循理之君，惑阉竖则为昏暗之后……礼，国君继体，逾年改元，而章武之三年，则革称建兴，考之古义，体理为违。又国不置史，注记无官，是以行事多遗，灾异靡书。诸葛亮虽达于为政，凡此之类，犹有未周焉，然经载十二而年名不易，军旅屡兴而赦不妄下，不亦卓乎！自亮没后，兹制渐亏，优劣著矣。

《吴志·三嗣主传》的"评曰"也说到孙皓：

> 皓之淫刑所滥，陨毙流黜者，盖不可胜数。是以群下人人惴恐，皆日日以冀，朝不谋夕。其荧惑、巫祝，交致祥瑞，以为至急。昔舜禹躬稼，至圣之德，犹或矢誓众臣，予违汝弼，或拜昌言，常若不及。况皓凶顽，肆行残暴，忠谏者诛，谀谀者进，虐用其民，

穷淫极侈，宜腰首分离，以谢百姓。

事实上，先是刘禅舆榇自缚降于魏，为安乐公，泰始七年死于洛阳，十五年后，再有孙皓舆榇自缚降于晋，为归命侯，太康五年（284）也死于洛阳，一前一后，都是亡国之主，可是陈寿对于他的故国后主，还是比对孙吴的末代皇帝要客气很多。蜀后主时代，由于前半程是诸葛亮主政，论功过，理应由诸葛亮分担，这不奇怪，然而后三十年，也是陈寿自己所经历，在这里，却仅仅以"自亮没后""优劣著矣"一笔带过，笔法减省、笔触温柔，大有"臣为君讳"的风度。与此成为强烈对照的，是在抨击孙皓对吴施行暴政、使人人自危、罪该"腰首分离"时，陈寿落笔毫无顾忌。令陈寿在评论中态度如此反差的，除了作为晋人的他，对于为晋所灭的吴，实在有一种轻蔑和敌视之外，不能不说眷恋故国的情感，也起了很大作用。新朝与故国，当面对吴的时候，自然而然地又合为一体。

在这里，他是一个蜀人，也是一个晋人。

九

在《魏志·三少帝纪》里，陈寿写了魏的最后三个皇帝曹芳、曹髦、曹奂，用的仍是"纪"体，然而写的却是"齐王""高贵乡公""陈留王"，都不称帝。"评曰"中说：

古者以天下为公，唯贤是与。后代世位，立子以适,若适嗣不继,则宜取旁亲明德,若汉之文、宣者,斯不易之常准也。明帝既不能然,情系私爱,抚养婴孩,传以大器,托付不专,必参枝族,终于曹爽诛夷,齐王替位。高贵公才慧夙成,好问尚辞,盖亦文帝之风流也,然轻躁忿肆,自蹈大祸。陈留王恭己南面,宰辅统政,仰遵前式,揖让而禅,遂飨封大国,作宾于晋,比之山阳,班宠有加焉。

这一段评论,最重要的是涉及了魏晋禅代,即魏国的结束和西晋的建立。魏的最后一个皇帝曹奂,不是像刘禅、孙皓那样舆榇自缚,或降于魏,或降于晋,他是"揖让而禅",把皇帝的玺绶册子交到晋王司马炎手里,然后"作宾于晋",变成陈留王。整个过程,陈寿说"如汉魏故事"。汉魏故事,指的是汉献帝禅位于魏王曹丕,魏王登基而为魏文帝,汉献帝则变成山阳公。陈寿又说,陈留王在晋得到的待遇比山阳公在魏时要好,这是暗示晋更有道德。

从汉魏禅代到魏晋禅代,中间隔了四十五年,后来成为晋武帝的司马炎与后来变成陈留王的曹奂,都没有经历过汉魏禅代,不过由于曹奂的父亲燕王宇是魏文帝的异母弟,也是魏明帝最亲密的伙伴,发生在父亲那一代的"汉魏故事",曹奂不至于茫然不知,而司马炎的祖父司马懿就参与过此事,司马炎对此也不会感到陌生,因此,由这两人"仰遵前式"演出的"陈留王恭己南面,宰辅统政"一幕,在当时,既不是什么新的创举,自然不会有惊心动魄的场面。就像传说中的尧禅位于舜、舜禅位于禹,以"天下为公,唯贤是与"的名义进行的政权转移、王朝更替,在魏晋时期,已经是一种新的常态。

蜀的亡国,正在魏晋禅代前夕。当时司马炎的父亲司马昭还在,他表彰谯周"有全国之功",召其到洛阳,而就在前往洛阳途中,谯周预见到司马昭的死亡,他用谶语告诉刚从洛阳回来的文立:"典午忽兮,月酉没兮。"果然,事不出其所料。陈寿在《蜀志·谯周传》里记下了这一细节,表明在魏晋禅代前后,谯周和他的学生们对于洛阳的政情,都极为关心。

在《魏志·文帝纪》里,陈寿写下过汉献帝持节奉玺绶禅位时,对魏王所讲"天命不于常,惟归有德""天之历数在尔躬""君其祗顺大礼,飨兹万国,以肃承天命"等一席话,意思是上天眷顾有德之人,你我只能顺应天命。这跟谯周说服刘禅投降时讲的"圣人知命而不苟必也",是同一个道理。身为谯周的学生,陈寿也是在这样一个知识和逻辑系统里面,有同样的政治观念和历史观念,因此他不但记录下汉献帝的话,还配合这番说辞,写下"初,汉熹平五年(176),黄龙见谯"的天象,预示"其国后当有王者兴,不及五十年,亦当复见",至四十五年,"黄龙见谯",便是魏文帝登基。再等到下一个四十五年,"襄武县(今甘肃省陇西县东南)言有大人见,长三丈余,迹长三尺二寸,白发,着黄单衣,黄巾,柱杖,呼民王始语云:'今当太平。'"这就发生在陈留王禅位前不到半年,诸如此类的很多迹象都表明,"天禄永终,历数在晋"(《魏志·三少帝纪》)。

陈寿是相信从过去到现在,诸如刘备跨有荆益、汉魏禅代、蜀降于魏、魏晋禅代以至"暗劣偷安,未喻天命"的孙皓降晋等,一系列发生在汉晋之间的历史变化,都是天命所授。尽管讲到孙权,他能骂得咬牙切齿,可是在《吴志·吴主传》里,他也没有忘记随时写下"夏口、武昌并言黄龙、凤凰见""秋八月朔,大风,江海涌溢,平地深八尺""神人授书,告以改年、立后"这样的祥瑞或灾异之兆。他把刘焉、刘璋的失败,也归结为"神明不可虚要,天命不可妄冀",认为刘焉"遽造舆服,图窃神器"、刘璋"据土乱世",都是欲望过多,超出了天命授予的范围。而他对诸葛亮最不以为然的一点,也是说诸葛亮太不在意保留蜀国这方面的官方记录。

所谓天命,即由汉家一统到三国分立、由三国分立到西晋统一,由后世小说家来说,便是"天下大势,合久必分,分久必合",在陈寿这里,也是不可改变的历史和现实。

十

不可改变的历史和现实便是,如果说魏是从魏武帝开始,就有了君临天下的合法性,那么晋的合法性,在陈寿看来,也是从司马宣王受命辅佐齐王到齐王被司马景王废除的时代,就开始建立。司马宣王即司马懿,在《三国志》里,除了《蜀志·后主传》写到诸葛亮与其在汉中对阵时,提到过"司马懿"这个名字,其他地方都写的是"司马宣王",

他儿子司马师为"司马景王"、司马昭为"司马文王"。这是由于魏陈留王登基不久，就封了司马昭为晋公、晋王，同时追命司马懿为晋宣王、司马师为晋景王，陈寿就是按照这个规矩来称呼的，这也是晋朝初年的规矩。

陈寿写司马宣王、司马景王之死，因此也都称"薨"（《魏志·三少帝纪》），写司马文王之死，则称"崩"（《蜀志·谯周传》）。反过来，高贵乡公之死，却为"卒"，陈留王是"终馆于邺"。这一连串用语，也等于宣布魏的正统，大约在曹芳"归藩于齐"的时刻，就转移到了司马氏手中。

日本的小林春树曾以《汉书》和《三国志》作比较，指出为了维护汉代的正统性，班固的办法，就是拼命强调汉是一个永不衰亡的神圣王朝，可是陈寿不一样，他已经见过汉代的衰落及其禅让的不可避免，深知魏也与汉一样，有兴便有衰，不可能不朽，因此他也就成了一个冷眼旁观的人（《三國志の王朝観——〈漢書〉との比較をセンターとして》）。这话说得很彻底。就个人经验来看，陈寿经历过的政权转移、朝代更迭不止一次，所谓兴亡盛衰，都已看惯，也许确实因此不会再那么执着于王朝永固的观念。但更重要的是，在他于晋武帝太康年间撰写《三国志》时，距离蜀的亡国已经过去了二十年，在这过去的二十年里，魏也亡，吴也亡，天下一统，他自己早做了晋人，当他在西晋洛阳回顾历史，魏、蜀、吴一样地都成了前尘往事。

更何况以一个晋人的立场，陈寿认为晋的历史，从司马懿时代就已经开启，那么魏的亡国，似乎更在蜀以前。在他那个时代,早已没有什么"蜀魏之争",问题只在于是认同晋还是眷恋蜀。

十一

《三国志》撰成之初,在陈寿生前,就有张华、荀勖、陆机等不少人看到,好评如潮,张华还因此决定把晋朝国史的修纂托付给他:"当以《晋书》相付耳。"但不幸元康七年(297),经过几年仕途上的挫折,还来不及到太子中庶子任上,他就在洛阳病故了,终年六十五岁。

陈寿去世的消息一传出,范𫖯等人联想到汉武帝曾在司马相如弥留之际,派人去取他的遗书,其中就有关于封禅的极为重要的意见,便立刻上书,称《三国志》很有价值,"辞多劝诫,明乎得失,有益风化,虽文艳不若相如,而质直过之",应该赶紧去采录。于是,晋惠帝责令河南尹、洛阳令叫人到陈寿家里去抄写,这样,《三国志》也就成了一部官方认可的史书。在陈寿以前或者与他同时,其实还有不少人在写魏、蜀、吴三国历史,现在还能知道的,就有魏国的荀𫖯、阮籍、傅玄、王沈等写过《魏书》,鱼豢写过《魏略》,还有吴国的韦昭、薛莹、周昭、梁广等写过《吴书》,即便是在陈寿抱怨的"国不置史,注记无官"(《蜀志·后主传》)的蜀国,也有王崇写过《蜀书》。当陈寿编写《三国志》时,上述史书或多或少都成为他的参考。过去内藤湖南曾怀疑《三国志》中凡是写有"今云"处,便是采用鱼豢

《魏略》留下的痕迹（《中国史学史》），是不是可靠且不去管它，而他在《蜀志·杨戏传》里明确说过，李密有同乡杨戏于延熙四年（241）写有一篇《季汉辅臣赞》，这就是他编写《蜀志》很重要的依据。

不过这些官修、私纂的三国史，在陈寿的《三国志》成书、传布以后，都为其光芒所掩，逐渐散佚，如王沈等人编写的《魏书》，就遭到了"多为时讳，未若陈寿之实录"（《晋书·王沉传》）的批评。还有一些作者，是在看到陈寿的《三国志》后，自愧弗如，放弃了类似的写作计划，如与潘岳有"双璧"之称的夏侯湛，便是销毁了他正在撰写的《魏书》，而从吴国来的陆机，本来正在酝酿《吴书》，也被打乱了节奏。还有像东晋时代孙盛所写《魏氏春秋》、习凿齿所写《汉晋春秋》，这一类三国史，据金毓黻《中国史学史》的统计，大概有十五种，都没有流传下来。到了南朝的刘宋时期，《三国志》被认定为"铨叙可观，事多审正"的"近世之嘉史"，只是它叙事过于简略，官方于是委托裴松之（372—451）为它作注，宋文帝元嘉六年（429）完成。当时裴松之能看到的汉晋间书籍还很多，所以他注释用的是"绘事以众色成文，蜜蜂以兼采为味"（《上三国志注表》）的方法，在《三国志》原书之上增加了一倍的文字，因而保存了非常多的史料，这也就更加奠定了包括裴注在内的《三国志》的地位。

《三国志》之受好评，首先，是由于陈寿根据魏、蜀、吴的官方档案，并参考它们的官修史书，又以"笃于旧故"

的杨戏《季汉辅臣传》等为线索,他的《三国志》,因此原原本本,有来历、讲证据,故得到"质直""实录"的肯定。其次,他拜谯周为师,"治《尚书》、三《传》,锐精《史》《汉》",本来就有很好的历史学基础,除了《三国志》,他还写过《古国志》五十篇,同样获得好评。当时流行给地方人物写传,东汉初期以来,蜀郡的郑伯邑、赵彦信以及汉中的陈申伯、祝元灵和广汉的王文表等都写过《巴蜀耆旧传》,在此基础上,陈寿增订完成了《益部耆旧传》十篇,有些篇章,迄今保留在裴松之注里,很可见他的乡土情怀,也可见他写人物传的本领。

　　后来人比较"前四史",往往说《三国志》的文字简洁、质朴,不像《史记》《后汉书》那么神采飞扬、激情四溢,然而在当时,也有人认为陈寿的文字只是不如司马相如艳丽,但足够"富艳",《三国志》和《古国志》都称得上"品藻典雅",显示作者"善叙事,有良史之才",据说张华还有过"以班固、史迁不足方也"的话(《华阳国志本传》)。南朝宋齐时代的王僧虔说:"往年有意于史,取《三国志》聚置床头,百日许,复徙业就玄,自当小差于史,犹未近仿佛。"(《诫子书》)他说自己在接触玄学以前,本来要学历史,那时是把《三国志》当床头书天天来看的,可见《三国志》是很重要的一部史书。齐梁时代的评论家刘勰对陈寿还有一个总结,说他的历史写作有根有据,不是简单抒情,也并不大而化之,叙事都经过剪裁和提炼,融入自己的观点,可以说是文章和史实结合得恰到好处，因此能在众多史书中脱颖而出："及魏代三雄，记传互出，《阳秋》《魏略》之属，《江表》《吴录》之类，或激抗难征，或疏阔寡要，唯陈寿《三志》，文质辨洽，荀、张比之迁、固，非妄誉也。"（《文心雕龙·史传》）说明叙事得体、文字漂亮，也曾是《三国志》备受赞扬的原因之一。

十二

《三国志》的《魏志》《蜀志》《吴志》原来是各自独立，到北宋时才合刻为一书。完整的《三国志》，过去人们比较重视的是二十世纪三十年代商务印书馆出版的"百衲本"，因为它是根据两种现存的南宋本即绍兴（1131—1162）本和绍熙（1190—1194）本配合影印的，版本价值较高。但一九五九年中华书局出版陈乃乾的校点本之后，一般的阅读和研究者就都用这个本子了，因为它不但采用了百衲本及百衲本之外的几种版本作校勘，还吸收了清代人的一些考订成果，又是以现代标点排印的方式出版，非常方便。

在刻本以前，《三国志》的流传靠的是抄本。裴松之当年为《三国志》作注，就见到过不止一个抄本，他在《吴志·薛综传》"有犬为獨，无犬为蜀，横目苟身，虫入其腹"这句话的下面注释说："臣松之见诸书本'苟身'或作'句身'，以为既云'横目'，则宜曰'句身'。"证明他所见为"诸本"即多种抄本，这些抄本又时有异同。《三国志》的抄本，二十世纪陆续发现，一个是在新疆的《吴志·虞翻传》

晋写本《吴志》虞翻等传

残卷,一个是在敦煌的《吴志·步陟传》残卷,都是晋人所写,另外,还有在新疆发现的东晋人所写《吴志·吴主传》残卷和隋唐时期人写的《魏志·臧洪传》残卷。这些《三国志》抄本的残卷,既可用作校勘,可以当书法欣赏,还能反映《三国志》传播的情况。

而作为一部相当重要的正史,据说最晚在七世纪,《三国志》也就传到了日本(榎一雄《邪马台国》)。日本现在还收藏有一部南宋时代刻的《吴志》,相当珍贵。

现在能够看到元代人刊刻的《全相三国志平话》,已经是说书人对《三国志》的重新改编。大概自宋代起,就有人

满汉双语《三国演义》

用通俗的方式讲三国故事，这样到元末明初，便有了罗贯中的《三国志通俗演义》这样一部仅仅是取材于《三国志》及裴松之注的地地道道小说。不过小说比史书的影响力更大，很快不胫而走，现在可以看到最早的《三国志通俗演义》，是明代嘉靖（1522—1567）年间所印，可是在朝鲜的文献记载中，他们的宣宗在1569年已经看到了这部小说，韩国近年还发现了王朝时代的《三国志通俗演义》铜活字本残卷，据说那些铜活字铸造于朝鲜王朝中宗十一年（1516）（金文京《新发现の朝鲜铜活字〈三国志通俗演义〉ついて》）。清代初年，由于多尔衮的授意，《三国志通俗演义》还被译成满文，这是它在汉语之外的第一个翻译本，其中有顺治七年

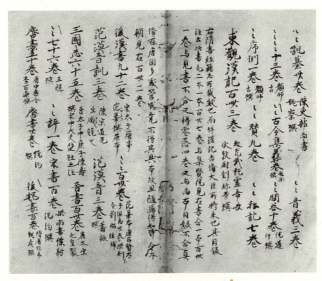

《日本见在国书目》著录《三国志》

(1650)的序文。满文译本之后,据说又有蒙文译本。然后是在日本江户时代,出现了第一个和文译本,便是元禄二年(1689)湖南文山序的《通俗三国志》。在说书人、小说家的推动下,三国的历史,跨越语言、民族和国家,就这样成了一个广受欢迎的故事。

第一讲　文采风流今尚存
——《魏志·武帝纪》

一

《魏志》第一篇《武帝纪》，是曹操的传记。曹操没做过一天皇帝，"武帝"是他儿子曹丕称帝后追封的，不过，他确实是魏国的实际创建者，是开出三国历史局面的最重要的人，同时，他又是历史上最具争议的人物，一个有故事的人。

曹操的故事，要讲起来，非常之多。首先，他的出身颇不寻常，他祖父曹腾，原是西汉相国曹参的后裔，在讲究家世的汉代，也算得不平常，可曹腾少年时就当了宦官，曹操的父亲曹嵩是他的养子，曹操真正的祖上是谁，这样就成了个谜。陈寿为曹操写传的时候，距离曹操去世不过五十余年，他也许听到过一些传言，诸如曹操本姓夏侯不姓曹之类，可是提及曹操的身世，他还是老老实实地只写下"莫能审其出生本末"几个字。

陈寿以前，司马迁在《史记》里讲汉高祖刘邦的出生，说的是他母亲在一个大湖之畔休息，"梦与神遇"，当时电闪雷鸣、天际如墨，他父亲赶过去，只看见一条蛟龙和他母亲纠缠，而后他母亲便怀孕生下他来。陈寿以后，袁宏在《后汉纪》里讲汉光武帝刘秀的出生，也提到那天晚上，有红色的光焰照彻夜空，屋子里一片透亮。这种"天命玄鸟，降而生商"（《诗经·商颂·玄鸟》）式的开国神话，在汉代以后的历史书写中，几乎成了一个套路。但是这一套路，陈寿并没有用，不知是不是由于曹操死前仅封魏王，离称帝仍差一步，又或是他的身世本来糊里糊涂，不便深究。

宦官在汉末的名声极坏，他们近水楼台裹挟皇帝，惹翻众怒，士人尤其讨厌他们。尽管在后来范晔的《后汉书》当中，曹腾还是被网开一面，其中说他侍奉四位皇帝，前后三十年，没做过什么违规的事情，可是谈到曹嵩，就不客气地指出他是靠了行贿才做到太尉的。这说明宦官及其后代不仅享有很大特权，也确实有恶劣的行迹，让人诟病。所以，当人们把汉代亡国的原因，归咎于宦官和外戚相继操弄权柄的时候，曹操便要无可避免地承担起宦官之后的坏名声，就像清代学者赵翼愤愤然所说的："东汉坏于阉，而操本阉人曹腾之后，竟移汉祚！"（《瓯北诗话》）这就是说，曹操没有称帝的资格，是他宦官后人的身份决定的。

二

若论出身，曹操是没有奉天承运的资格，但时势造英雄，他硬是做出一番轰轰烈烈的大事业，成了"治世之奸贼，乱世之英雄"。他一生活了六十六岁，他一死，四百年汉家王朝也告结束。他的死，陈寿倒是记得清清楚楚：汉献帝建安二十五年（220）初春，他死于洛阳，遵照遗令，遗体被运回邺城，二十天后，葬在他指定的高陵、西门豹祠附近。

邺是当时的冀州首府，在今天河北临漳县与河南安阳市中间，是曹操的大本营。自建安九年（204）从袁绍的儿子袁尚手里夺下，曹操在这里先后受封为丞相、魏公、魏王，在这里修了宗庙，并建造有名的玄武池以及铜雀、金虎、冰井三座高台。邺城，是见证他这一路南征北伐、荡平天下的地方，叶落归根，所以他死后要葬在这里，而不是回到家乡亳州的曹氏家族墓地。

曹操一生简朴、务实，也不愿意在身后事上奢侈铺张，他的遗嘱里，因此有"因高为基，不封不树"的话，就是说墓地上不要加封土，也不要种树。这句话的意思本来明白，无非是曹操依然把自己当一个普通人看，不肯享受特殊待遇。然而问题是，他已经不是一个普通人，在帝王将相普遍厚葬的世风下，他这种怀有平常心的做法，反而招来后世接二连三的猜疑。

最有名的便是"七十二疑冢"的传闻。据说，宋代的王安石（1021—1086）有一次在安阳参拜曹操遗址，见到"铜雀台西八九丘"（《将次相州》），以为那就是曹操墓地。南宋时，范成大（1126—1193）到邺城西边的曹操讲武城，不知怎么也说到在那城外，"有操疑冢七十二，散在数里间"（罗大经《鹤林玉露》）。这样到了明代，像"曹操疑冢在讲武城外，凡七十二处。森然弥望，高者如小山，布列直至磁州而止"(《明一统志·彰德府志》)一类的传言,就被写进地方志,几乎成为一种常识。

为什么会有这"七十二疑冢"的传闻?当然,一多半缘于传说中曹操的个性。曹操的个性,如陈寿所说,"少机警,有权数",是一种天生的机智善变,同时他又精通兵法,他为《孙子兵法》做的注释,到今天都在流传。他打仗时,也最善用奇计,吕布常提醒人,就说"曹操多谲,勿入伏中"。田丰警告袁绍,也说"操善用兵,变化无方,众虽少,未可轻也"。《袁绍传》写曹操最后与袁绍两个儿子决战,是将袁尚的手下审配包围在邺,掘地道、挖壕沟,一夜"广深二丈",然后引漳河水,让他们逃不出,以至于城中饿死过半。所以,后来唐太宗对他佩服归佩服,在这一点上却是有所保留,说:"朕常以魏武帝多诡诈,深鄙其为人。"(《贞观政要》)而清代学者赵翼总结"三国之主"的用人策略,认为"曹操以权术相驭,刘备以性情相契,孙氏兄弟以意气相投"(《廿二史札记》),对他看得就更清楚。

如此几百年积累下来的印象,都说曹操惯用权术、诡计多端,他在自己后事的安排上面,难道就没有用一点阴谋?南宋的俞应符于是断定他"生前欺天绝汉统,死后欺人设疑冢"(《题曹操疑冢诗》)。《三国演义》小说讲他之所以要设疑冢七十二座,是怕被人掘了自己的坟墓(第七十八回)。清代的蒲松龄也写过一个《曹操冢》的短篇小说,那里面说曹操墓在许昌城外大河旁的崖洞里,洞里放了一个转轮,"轮上排利刀如霜",夏天在河里游泳的人,一不小心,

"若被刀斧，尸断浮出"(《聊斋志异》)。

这些传闻多少年来家喻户晓，直到二十世纪七十年代中期以来，考古学家经过发掘，才证实那所谓曹操讲武城外的七十二疑冢，实际上是一个分布在河北磁县的北朝贵族墓葬群，真正的曹操墓，据河南省文物考古所二〇〇九年宣布，则是位于河南安阳县安丰乡的西高穴村。从目前发表的考古报告看，在经历多次被盗之后，曹操墓里还剩下有数百件器物及两个头骨和部分骨骼。这些器物，包括写有"魏武帝常所用挌虎大戟""魏武王常所用挌虎短矛"等字样的石牌，也包括写有"魏武王常所用慰项石"的石枕，还有不少泥质素面的灰陶与少量的铜饰、铁镜、金纽等。而经过鉴定，其中一具人骨为六十岁左右的男性，现在很多人怀疑他就是曹操。

陈寿记录曹操的遗令，说："天下尚未安定，未得遵古也。""未得遵古"，是指不要被过去的丧葬礼节所约束而循规蹈矩。曹操对自己的身后事考虑周详，布置得非常仔细，比如他要求大家在葬礼结束之后马上脱下丧服，各就各位，将士不离军队，官员不离值守，又比如他嘱咐给自己穿些平常衣服就好，也不需要金玉珍宝作陪葬品。曹操墓的发掘，一度也掀起轩然大波，专家学者裹着新闻媒体争执吵闹，是真是假，两种意见针锋相对，不过墓中器物的朴素，大体印证了保留至今的曹操的一些遗令，反映出他既诡谲善变、心机颇深，也确实豁达大度、襟怀坦荡。章太炎称赞他"信智计之绝人，故虽谲而近正"(《魏武帝颂》)，不是没有道理，

"魏武王常所用挌虎大戟"石碑

因为有很高的智慧、很大的胸怀,尽管也是诡计多算,但归根结底不失正派。

三

曹操的出身以及他的墓在哪里,固然是谈论不尽的话题，但是真正使他成为争论焦点的，还是他对待汉代宗室的态度。无论称帝与否，挟天子以令诸侯、结束四百年汉家王朝的人是他，从此中国陷入几十年的分裂，这样一段历史，应该如何评说？他到底是有功还是有过？

建安十八年（213），汉献帝以曹操有"定天下之功"，封他为魏公。在表彰他的贡献已经远超古代的伊尹和周公时，公布了他的十一大成就。这些成就是：第一，率先领兵战董卓，忠于本朝；第二，战胜黄巾军；第三，讨伐乱政的韩暹、杨奉，迁帝都于许昌，恢复王室秩序；第四，击败妄自称帝的袁术；第五，擒杀吕布、张杨，征服眭固、张绣；第六，官渡之战，歼灭"逆乱天常"的袁绍；第七，杀袁谭、高干，平定黑山；第八，北征三郡乌丸；第九，南征荆州刘表；第十，征马超，抚定戎狄；第十一，使鲜卑、丁零重译而至。

据说曹操三度谦让，等到大臣们也纷纷来劝说，一致表示他在"天下崩乱，群凶豪起"之际，"奋身出命以徇其难"，诛二袁、灭黄巾，沐浴露霜二十多年，建立了"书契以来"所未有的卓越功勋，他这才"悚惧受诏"。他再三推让，当然属于规定中的行礼如仪，因为早在建安十五年（210）他就公开说过，有人怀疑他心存"不逊之志"，让他很不舒服，"每用耿耿"，他自己本来并没有更高的野心，"身为宰相，人臣之贵已极，意望已过矣"，更何况认真说起来，他也为汉家王朝立下了很大的功劳，"设使国家无有孤，不知当几人称帝，几人称王！"所以，等到三年后封魏公，就不仅是公众,也是他自己意料中的事,是时势所趋。对此,吕思勉有一个评价,他说曹操还是守住了"封建时代的道德"的,他不肯废汉自立,"对于汉朝,已经是过当的了"(《三国史话》)。这是同情曹操的说法。

陈寿为曹操写传,大体上是遵循汉献帝的定论,以上述十一项功业为基本线索,按照史书"本纪"的书写要求,逐年逐月记述下来的。这也反映出在汉末到西晋的大约半个世纪,对于曹操的评价,还没有发生根本性的变化。

当初曹操被封魏公,刘备等人十分不满,马超、许靖他们就上书汉献帝,痛责曹操是"窃执天衡""剥乱天下,残毁民物"。刘备除了对自己"虽纠合同盟,念在奋力,懦弱不武,历年未效",也表示有一点惭愧,更多的还是讲他对曹操"侵擅国权,恣心极乱"的担忧。上述与曹操同一代人的看法,尤其是号为汉帝的刘备的看法,作为蜀国旧人的陈寿并非没有见闻,可是在《魏志·武帝本纪》里,他最终采用的仍然是汉室的意见,这一点,颇值得玩味。

东晋以后,舆论调转,越来越多的人接受了刘备他们的观点,而对曹操有所质疑。像袁崧在《后汉书》里就说:汉献帝这个人天性慈爱,身处崎岖危乱之中,对人却没有一点戒备,曹操就是钻了这个空子,趁火打劫,"始于勤王,终至滔天","回山倒海,遂移天日",他实际上是一个窃国之贼(《献帝纪论》)。而后来像南宋的朱熹,就连曹操在诗中经常提到周公,他都看不惯,讽刺曹操是"做得个贼起,不惟窃国之柄,和圣人之法也窃了"(《朱子语类》)。这些看法，都是站在汉王朝不可移易的立场，认为汉朝的存续是唯一合法的选项，只能维护，不可改变。由此来看，曹操当然就是有负于汉王朝的奸臣、一个历史的罪人。

东晋、南宋都是汉族王朝偏安一隅，这反而激发了当时人很强的争正统的意识，并影响到他们的历史观。在回看三国这段历史的时候，他们以汉王朝为正统，越发强调刘备才是合法继承人，曹操则是无功但有过。这一观念根深蒂固，在普通人当中尤其有市场。我们看《三国演义》第三回写曹操刚一出场，就做了一件滥杀吕伯奢全家的大坏事，他那"狼心狗行之徒"的忘恩负义形象，立刻被定型下来，就像在传统京剧《群英会》里面，曹操这个角色，一定是要勾一张代表大奸大恶的"白脸"。

现代人当然不需要坚持这一套正统观、历史观。有意思的是，在二十世纪五十年代，因为毛泽东多次表示欣赏曹操，对"反动士族"影响下的民众把曹操当成"白脸奸臣"很是不满，提出"这个案要翻"，竟把当时郭沫若、翦伯赞等几乎所有的顶尖历史学家都发动起来，纷纷撰文，歌颂曹操是"一位民族英雄"，半年间发表相关的论文即多达百余篇。这一来，曹操"脸上奸臣的白粉"当然被擦掉，何兹全就曾乐观地说：历史事实是一个客观存在，只是一经人心反映、人手叙述，一个事实变成多个，如秦始皇、曹操都只有一个，历史家手下的秦始皇、曹操却有多个，不过对他们的认识都会逐步接近于"一"的（《三国史·前言》）。是不是能够趋近于"一"呢？既然在曹操身上折射的是我们自己的历史观、是非观，也许事情就并没有那么简单。

四

让我们来看一看陈寿的历史观，看他对曹操是怎么评价的。《武帝纪》的最后有一段评论，说：

> 汉末，天下大乱，雄豪并起，而袁绍虎视四州，强盛莫敌。太祖运筹演谋，鞭挞宇内，揽申、商之法术，该韩、白之奇策，官方授材，各因其器，矫情任算，不念旧恶，终能统御皇机，克成洪业者，惟其明略最优也。抑可谓非常之人，超世之杰矣。

这里面值得注意的有两点：一是在陈寿眼里，曹操确是一位能够辅佐君主成就大业的朝臣，一个杰出人才。二是在写曹操传的时候，陈寿的心里，很明显有一个无时不在的参照对象，就是袁绍。

在《魏志》中，陈寿也写有袁绍的传记。他写袁绍的家庭背景、社会地位，乃至个人的容貌、修养，从外到内，这种种条件都非曹操所可比拟。袁绍生在豪门，他家"四世居三公位，势倾天下"，他母亲去世时，赶到汝南来参加葬礼的就有三万人之多，他自己也很善于结交海内人士，有"威荣器观，知名当世"。但是据陈寿说，他也有像"外宽内忌，好谋无决，有才而不能用，闻善而不能纳"之类的致命弱点，当汉末动乱之际，他因此经常错估形势，比如鼓动何进引董卓入京，比如拥立幽州牧刘虞为帝，还有如围攻许都、逼迫曹操携献帝迁都鄄城，等等，他是一步错，步步错，直到在官渡（今河南中牟县东北）这个地方，与曹操相对垒，最后满盘皆输，军败而忧死。

但曹操很不一样，他年少时就知道自己"本非岩穴知名之士，恐为海内人之所见凡愚"，头上没顶着光环，所以要从最基层做起，不怕牺牲，一步一步建立名誉。还在初平元年（190），袁绍、曹操等同时起兵声讨董卓，且以袁绍为盟主的时候，袁绍问曹操：如果失败，你到哪里去呢？袁绍是早有以河北为基地的打算的："吾南据河，北阻燕、代，兼戎狄之众，南向以争天下，庶可以济乎？"曹操却回答："吾任天下之智力，以道御之，无所不可。"完全不曾想要给自己留一点后路。他战董卓，手里的兵力少得可怜，根本不是对手，只凭着"一战而天下决矣，不可失也"的勇气，一马当先。他打黄巾，也是在旧部少而新兵缺乏训练的情况下，"被甲婴胄，亲巡将士"，以鼓舞士气，"打了败仗也不灰心"（田余庆《曹袁之争与世家大族》）。他处事不犹豫，孤注一掷，敢作敢当，从不像袁绍那样患得患失。袁绍立刘虞为帝时，也想过要拉拢曹操，曹操根本不理会他的小算盘。陈寿说当时袁绍"尝得一玉印，于太祖坐中举向其肘，太祖由是笑而恶焉"。笑而恶焉，把曹操轻蔑和厌恶的态度写得活灵活现，因为曹操已经看得很明白，"累世受国重恩"的袁绍，不仅贪心，而且愚蠢，所以他对刘备评价很高，而对袁绍很蔑视。不但曹操，那时稍有见识的人将袁绍甚至他

兄弟袁术都看得很清楚，如孔融也曾对刘备说："袁公路岂忧国忘家者邪？冢中枯骨，何足介意。"(《蜀志·先主传》)

这样到了兴平二年（195），汉献帝从长安逃回洛阳，曹操亲自去洛阳迎接献帝建都许昌，献帝委任曹操为大将军、袁绍为太尉，袁绍不愿居曹操之下，"公乃固辞，以大将军让绍"，到了这个时候，曹操完全清楚袁绍已不足以为威胁，能与自己相抗衡的只有刘备。陈寿在《蜀志·后主传》中写他这时从容与刘备饮酒，说的就是："今天下英雄，惟使君与操耳。本初之徒，不足数也。"后来袁绍围攻许昌，人人看他都是势不可当，唯独曹操不以为然，果断驻军官渡，说："吾知绍之为人，志大而智小，色厉而胆薄，忌克而少威，兵多而分画不明，将骄而政令不一，土地虽广，粮食虽丰，适足以为吾奉也。"第二年，曹操预备东征刘备，人们又提醒他能与之争天下的是袁绍，应当加以防备，曹操说："袁绍虽有大志，而见事迟，必不动也。"果然等他仗打回来，刘备败逃、关羽投降，这期间，袁绍都没有什么动作。

在保卫许都的官渡之战中，曹操的兵马和粮草本来都远逊袁绍，他是在"以至弱当至强"的形势下，坚持数月，艰苦卓绝打败对手的，从此赢得"天下莫敌"的称号。袁绍一年后"发病呕血"致死，他却是回乡立庙祭祀祖先。过了许多年，他回忆起与袁绍相对抗的那些日子，还在说袁绍当时"据河北，兵势强盛，孤自度势实不敌之，但计投死为国，以义灭身，足垂于后。幸而破绍，枭其二子"，语气依然平和，姿

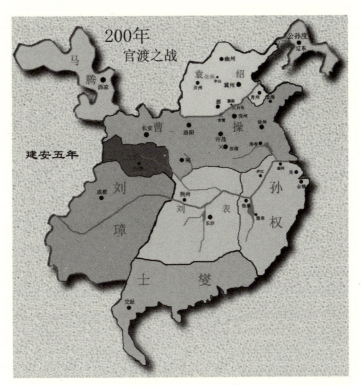

官渡之战形势图

态依然很低。

荀彧认为袁绍和曹操是典型的强弱之势对转，他比较这两个人，一个忌刻多疑、犹豫难断、法令不立、好收名誉，一个唯才是用、应变无方、法令严明、诚心待人，当然曹操必胜，胜在度、谋、武、德四个方面。如果说荀彧是曹操的谋士，评论不免有所偏向的话，凉州刺史杨阜的分析也许更能说明问题，他说："袁绍宽而不断，好谋而少决；不断则无威，少决则失后事，今虽强，终不能成大业。曹公有雄才远略，决机无疑，法一而兵精，能用度外之人，所任各尽其力，必能济大事者也。"这些都是当时人的观察和判断。

袁绍最初想借曹操之手杀掉他不喜欢的杨彪、孔融等人，曹操不愿意，告诉他当今天下土崩瓦解，群雄并起，正是"上下相疑之秋"，此时杀人，谁不自危、不哀怨？"高祖赦雍齿之雠而群情以安，如何忘之？"袁绍以为曹操这是在假托"公义"，心里头攒了很多怨气。他是完全不了解曹操的心胸、抱负。曹操打败袁绍，占领许都，发现很多人过去写给袁绍的信，他不计前嫌，统统销毁。等他拿下邺城，又不念旧恶，跑到袁绍墓前凭吊，"哭之流涕"。这都是让陈寿相信他确实是"非常之人，超世之杰"的地方。

评价历史人物，只有进入到人物所处的历史环境，方能得到一种"了解的同情"。当我们把曹操和袁绍放在一起，将这两个最有可能在汉末历史上发生重大作用的人并列来看，他们的品德操守、他们的能力作风，孰高孰低、谁有功谁有过，就比较容易看得清楚。田余庆指出曹操胜袁绍，在于他对当时世家大族之间的矛盾认识很清楚，并善于利用它们。而按照钱穆在《国史大纲》里的说法，汉朝最后的分裂，是由于东汉王室自己走上黑暗的道路，民众、士大夫都与它隔绝，汉末的名士如袁绍、公孙瓒、刘表等都不再忠于统一的国家，各自割据一方。如果是这样的话，那么在对待汉代宗室的态度问题上，曹操也真是一点过错都没有的。

五

在与袁绍对决的官渡之战前，荀彧献计给曹操，说"今与公争天下者，唯袁绍耳"。打败袁绍，在陈寿看来，也是曹操一生中最重要的转折点，他在《魏志·武帝纪》中写到这里的时候，因此忽然宕开笔墨，插入一段故事并发表议论说：

> 初，桓帝时有黄星见于楚、宋之分，辽东殷馗善天文，言后五十岁当有真人起于梁、沛之间，其锋不可当。至是凡五十年，而公破绍，天下莫敌矣。

开国神话终于在这里出现，仍然是冥冥之中，一切都由天来注定。曹操这一年四十五岁，他恐怕也意识到天降大任于斯，从此以天下为己任，一边打仗，一边着手建设。这年他回到家乡亳州，看见"旧土人民，死丧略尽，国中终日行，不见所识"，"凄怆伤怀"，心里很难过，于是下令授土田、给耕牛，安定民生，以促进经济发展。他还责成各地恢复办学，恢复祭祀先人，使民众精神也有所安顿。建安十五年，他又下令招纳天下贤士，宣称"自古受命及中兴之君，曷尝不得贤人君子与之共治天下者乎"，明明白白已是在以"中兴之君"自期。

当公元三世纪末，陈寿撰写《三国志》的年代，许多人因为能够看到曹操的这些遗令以及他的各种遗物,包括他留下的诗歌,会产生一种相当亲切的感觉,也多少能体会到他的用心和感情。所以,不只是蜀人陈寿在纵观他的一生之后,给他以"非常之人,超世之杰"的评价,吴人陆机读到他遗令里的经国之略、隆家之训,也"慨然叹息伤怀",写下一篇传世的《吊魏武帝文》。在这篇哀悼和纪念的文字中,陆机一面赞扬曹操的雄才大略,是所谓"摧群雄而电击,举勍敌其如遗。指八极以远略,必翦焉而后绥",一面又为他在遗令中表现出的儿女情长而感动不已。这些情意绵绵的遗令,有写给儿女的:

> 吾在军中,持法是也,至于小忿怒,大过失,不当效也。

也有交代给后宫的:

> 吾婕妤妓人,皆著铜雀台。于台堂上施八尺床、繐帐,朝晡上脯糒之属,月朝十五,辄向帐作妓。汝等时时登铜雀台,望吾西陵墓田。

陆机说,他没想到曹操对儿女是那么通达,对身边的女性又是那么缠绵。

铜雀台是建安十五年所建,在邺城的西北角,台上曾有一只大铜雀,"舒翼奋起,势若飞动"(郭茂倩《乐府诗集》三十一）。曹操生前，有时春天携家人登到台上，极目远望，逍遥度日，他儿子曹丕、曹植都奉命写过记述登台之乐的文章，而在关于铜雀台的这一则遗令中，也可以看到曹操对过去愉快的登台时刻有一种难舍的眷恋。"铜雀台"后来也变成文人们最喜欢配乐歌咏的一个题目，南朝有名的诗人像谢朓、何逊、江淹都写过以它为题材的作品，到了唐代，像王勃、高适、李贺等人都还继续在写，所以，南朝梁陈之际的作家徐陵就说："昔魏武虚帐，韩王故台，自古文人皆为词赋。"（《与李那书》）"魏武虚帐"，用的正是上述铜雀台遗令的典故。而在历代吟咏铜雀台的诗里，江淹的一首最有味道：

> 武王去金阁，英威长寂寞。
> 雄剑顿无光，杂佩亦销铄。
> 秋至明月圆，风伤白露落。
> 清夜何湛湛，孤烛映兰幕。
> 抚影怆无从，惟怀忧不薄。
> 瑶色行应罢，红芳几为乐。
> 徒登歌舞台，终成蝼蚁郭。

它呼应着曹操的遗令，曹操在遗令中要求他身边的女性按时辰朝向他的墓地奏乐歌舞，以消除他离开人世的寂寞，江淹却在诗里代这些女性写道：没有了武王的世界，才是寂寞的世界。

六

曹丕曾记他父亲"雅好诗书文籍,虽在军旅,手不释卷,每每定省从容,常言人少好学则思专,长则善忘"(《典论》),读书和写作,都是曹操的至爱,而当稍早年代的人能够通过文字和器物等多种媒介看到他较多面向的时候,也都推崇他文武兼备,如东晋咸康三年(337),国子祭酒袁瓌等上疏建议设立国学,就以他为榜样,说:"昔魏武身亲介胄,务在武功,犹尚息鞍披览,投戈吟咏,以为世之所须者,治之本宜崇。"同时庾亮在武昌置学官,也援引他的例子,而给予很高的评价说:"魏武帝于驰骛之时,以马上为家,逮于建安之末,风尘未弭,然犹留心远览,大学兴业,所谓颠沛必于是,真通才也。"(《宋书·礼》一)

这也许都是有根据的。据说曹操"昼则讲武策,夜则思经传,登高必赋",因此,他除了自己留下像"东临碣石,以观沧海"(《步出夏门行》),"对酒当歌,人生几何"(《短歌行》),"白骨露于野,千里无鸡鸣"(《蒿里行》),"北上太行山,艰哉何巍巍"(《苦寒行》)这样的名作,用清人吴淇的话说,就是"武帝制作,无不精妙,故铜雀台,后世得其片瓦,犹值百金"(《六朝选诗定论》),意思是他的作品就像古董,越久越值钱。除此以外,他的儿子曹丕、曹植以至他的孙子曹叡,都在他的影响下,写作了很多诗文,使后来的人一旦想起他们,就觉得"魏氏三祖,风流可怀"(《宋书·乐志》引王僧虔语)。而在他们周围,还聚集有一大批如王粲、陈琳、刘桢这样的文士，或者随他们辗转征战，或者伴他们读书作文。像王粲在建安二十年（215）就曾随曹操西征张鲁，返回时，他写下一首《从军诗》：

> 从军有苦乐，但问所从谁。
> 所从神且武，焉得久劳师。
> 相公征关右，赫怒震天威。
> 一举灭獯虏，再举服羌夷。
> 西收边地贼，忽若俯拾遗。
> 陈赏越山岳，酒肉逾川坻。
> 军中多饶饫，人马皆溢肥。
> 徒行兼乘还，空出有余资。
> 拓土三千里，往返速若飞。
> 歌舞入邺城，所愿获无违。

这首诗写随军的艰苦与快乐，显得极为乐观自信。昂扬激越的风格，多少受到曹操的感染。

而曹丕也曾在一首诗里，这样描述他们的夏日聚集：

> 夏日饶温和，避暑就清凉。
> 比坐高阁下，延宾作名倡。
> 弦歌随风厉，吐羽含徵商。
> 佳肴重叠来，珍果在一旁。
> 棋局纵横陈，博弈合双扬。

> 巧拙更胜负，欢美乐人肠。
> 从朝至日夕，安知夏节长。

在这种欢快的聚会上，往往还会拈出一些题目，如神女、槐、迷迭香、愁霖、喜霁等，由大家分头去写诗文，作竞赛，这在应玚的《公宴诗》里也有记录：

> 巍巍主人德，嘉会被四方。
> 开馆延群士，置酒于新堂。
> 辩论释郁结，援笔兴文章。
> 穆穆众君子，好合同欢康。

生在一个动荡的也是转折的大时代，这一批汉末建安时的文士，受曹操父子的激励，"慷慨以任气，磊落以使才"，个个都如一鸣冲天的飞鸟，"骨劲而气猛"（刘勰《文心雕龙》），在文学上既竞争也合作，创下了一个前所未有的格局。这是大时代里的大格局，用宋代严羽的话说，它是

据传为曹操手迹。原刻在汉中石门南约半里的褒河水中的一巨石上，右行横书，字径四十五厘米。现存汉中博物馆内

"全在气象，不可寻枝摘叶"，也就是被我们称赞备至的"建安风骨"（《沧浪诗话》）。

曹操自己不曾称帝，他开创的魏国也只存在了四十五年，但是，由他引领的一时风气、一代文化，却似乎比他以及他的子孙能够掌握的政治权力延续得更久远。杜甫有一首《赠将军曹霸》的诗，是写给曹操后人的：

> 将军魏武之子孙，于今为庶为清门。
> 英雄割据虽已矣，文采风流今尚存。
> ……

这首诗讲的就是这个意思。

第二讲 吾将以时整理
——《魏志·文帝纪》

一

真正所谓"三国"的历史,是从曹丕代汉献帝而为魏文帝开始,这以后,才有刘备和孙权的称帝。

曹丕(187—226)最为人熟知的,是他限曹植(192—232)七步为诗、不成则行大法的故事,这故事并非《三国志》所写,而是出现在二百年后的《世说新语》里,然而流

魏文帝像

传很广，不知不觉变成真的历史。宋代江公望在给宋徽宗的上疏里就写道："至魏文帝褊忿疑忌，一陈思王且不能容，故有'煮豆燃豆萁，相煎何太急'之语，为天下后世笑。"（《上徽宗乞不根治蔡王之狱》）而在民间，给它添枝加叶的自然也不少，如元代的南戏《杀狗记》就说是曹丕将曹植赶到御马监边，逼他以"马料"为题作诗，《三国演义》又说是曹丕以"兄弟"命题，却绝不许曹植在诗里夹带"兄弟"两个字。

中国传统道德里面有一条，叫"兄仁弟悌"，为兄应当宽厚包容，为弟应当尊敬顺从。《诗经》说："凡今之人，莫如兄弟。"《大学》说："宜兄宜弟，而后可以教国人。"都是把兄弟关系看成最重要的人际关系，进而看成整个社会和谐有序的前提。不过，就像汉代民谣唱到的："一尺布，尚可缝。一斗米，尚可舂。兄弟二人不相容。"一般人对于现实里头的"兄弟二人不相容"，也是心知肚明。

《三国志》对曹丕、曹植的关系，其实并没有作特别渲染，只是陈寿评价曹丕，在赞扬他"下笔成章，博闻强识"、有很好的文化修养的同时，指出他如果能"旷大志度，励以公平之诚"，便可以达到"古之贤主"的标准。说他不够大度、缺乏公平的诚意，是不是针对他处理与曹植关系的手法而言，也就是后来人每每为之叹息的"文雅有余，兄弟恩薄"呢？

根据陈寿的记载，曹操有二十五个儿子，不过这里面，对曹丕真正构成过威胁的只有曹冲和曹植。曹冲聪明、仁慈,起初很受曹操恩宠,曹丕也承认"若使仓舒(曹冲字仓舒)在,我亦无天下",但建安十三年(208),他十三岁就夭折了,剩下一个曹植。曹植本来聪明乖巧、率真任性,一度颇讨曹操欢心,被视为"儿中最可定大事"的人,曹操晚年为继任人的事情发愁,主要就是在他与曹丕之间举棋不定。

在"立子以长不以贤"的古代传统里面,曹丕被立为太子,原本顺理成章,无奈曹操疑心太重,算计也多,对哪个儿子都放心不下,又担心他们互相结怨,落到袁绍两个儿子袁谭、袁尚那种"亲寻干戈"的地步。掂量来掂量去,一直到他封魏王一年半后,也就是建安二十二年(217),才确定由三十一岁的曹丕为太子。

二

陈寿的《魏志·文帝纪》,主要写的是曹丕称帝后黄初元年(220)到七年(226)这一段,他三十四岁称帝前的事迹,都散落在其他人的纪传里。其中《魏志·崔琰传》记载崔琰写给他的信以及他的回信,大概能反映他被立为太子前的状况。

建安十一年(206),曹操征并州,曹丕留守邺城,那时他还是"志在驱逐",就是时常外出打猎。崔琰看在眼里,既为他的安全担忧,又怕他给人留下不好的印象,便写信给他,从袁氏子弟"盘游宽放,义声不闻",到最后"拥徒百万,跨有河朔",却"无所容足"的教训谈起,谈到世人对他的期望，劝他不要玩物丧志，"志雉兔之小娱，忘社稷之为重"。曹丕回答说一定会改，并让崔琰监督自己："后有此比，蒙复诲诸。"这一年，曹丕二十岁。崔琰是汉末大学者郑玄的弟子，曹操聘他来做曹丕的老师，已可见在曹丕身上用的心思。

曹丕写过一部名为《典论》的著作，其中有一篇《自叙》，讲他五岁学射箭骑马、随父亲出征，早已练就"弓不虚弯，所中必洞"的本领。他又懂剑法，能抄起甘蔗与号称"空手入白刃"的将军交手，而"三中其臂"。同时受父亲"雅好诗书文籍"的影响，他说自小读《诗经》《论语》，长大后，更是《史记》《汉书》、诸子百家，一切书籍，无不阅览。他自己写的诗赋文章，也有六十篇之多。这篇略等于自传的《自叙》，虽不免葛洪所说"虚自称扬"的成分，不过其中"文武之道，各随时而用"的自述，还是能够代表曹丕理想中的人格，应该是文才武略相当、情感理智均衡。这也就是他表弟卞兰替他鼓吹时，要用"武夫怀恩，文士归德"，来形容他文武兼擅的原因。当然更重要的是，这正符合曹操对他们兄弟的要求。后世之人多看到这一点，因此表扬他们父子，最常用的一句话就是："曹操曹丕，上马横槊，下马赋诗。"

建安十六年（211），曹丕为五官中郎将，曹植封平原侯。曹操后来解释说，曹丕不像其他儿子一样被封侯，就是已经被选了预备做太子。不过这时候，曹操对几个儿子仍然一视同仁，同样为他们招到最好的僚属，如《王粲传》里写到的王粲、徐干、陈琳、阮瑀、应场、刘桢等文士，希望曹氏子弟能与这些博闻多识、操翰成章的彬彬君子在一起,"行则同舆,止则接席"(曹丕《与吴质书》),耳濡目染,增进修养和才干。

只是从此以后,曹丕与曹植之间的竞争越来越激烈。

三

曹丕被立为太子,决定性的因素,按照陈寿在《魏志·陈思王(曹植)传》中的说法,是他的对手曹植"任性而行,不自彫厉励,饮酒不节",他却能"任之以术,矫情自饰"。就是说,一个放任、不自律,一个理性、有政治手段。

曹丕出生时,传闻有一团青云像车的顶篷罩在他头上,会看云气的人都说这是"至贵之人,非人臣之气"。大好的前程,显然早由天注定,可曹丕自己却似乎常怀隐忧,总不乐观。在他写的诗赋里,就有许多与他身份不合的幽怨、感伤,比如他最有名的两首《杂诗》"漫漫秋夜长"和"西北有浮云",写游子思乡,充满了"郁郁多悲思""向风长叹息""客子常畏人"这样的诗句,清代的吴淇就曾根据这种情绪判断这是曹丕被立为太子前写的作品,他说因为诗里面有太多的"疑惧",仿佛在诉说"不可一刻离君侧"的心情。

《魏志·贾诩传》写曹丕做五官中郎将时,因为曹植与他旗鼓相当、各有党羽,心中忐忑,便派人去向"策谋深长"的贾诩寻计策。贾诩告诉他:"愿将军恢崇德度,躬素士之业,朝夕孜孜,不违子道,如此而已。"意思是要他做好自己该做的,不必多想。曹丕铭记在心,"深自砥砺"。传说他同时又找人相面，相师也安慰他"其贵乃不可言"，虽四十岁会有个坎儿，一旦过了坎儿，便大可无忧。这些记载和传闻，还包括他写的诗文，都反映出在被立为太子前的那六七年，他经历过怎样的煎熬。由此，当被立为太子那一天，他才掩饰不住内心的狂喜，抱着辛毗连声发问："辛君知我喜不？"而这一瞬间的真情爆发，也才让辛毗和他女儿恍惚看到另外一个人，并且很不以为然："太子，代君主宗庙社稷者也。代君，不可以不戚，主国，不可以不惧。宜戚而惧而反以为喜，何以能久，魏其不昌乎？"

但从曹丕当时给曹操的上书来看，他实际还是"忧惶踧踖"，深怀"喜惧之心"。他的这种自我克制、自我压抑，应当说，同曹操对儿子出了名的约束和管教不无关系。

曹丕的同母弟，还有一个曹彰。曹彰最能打仗，他的理想，就是当一个"被坚执锐，临难不顾，为士卒先"的将军，"将十万骑驰沙漠，驱戎狄"。可是，曹操对这一介武夫并不满意，曾训斥他："汝不念读书慕圣道，而好乘汗马击剑，此一夫之用，何足贵也！"建安二十三年（218），曹彰受命征乌丸，临行前曹操又警告他："居家为父子，受事为君臣，动以王法从事，尔其戒之！"不让他有一点可以徇私情的念头。对曹植，自然也有很高的要求。建安十九年（214），曹操自己出征，行前也曾教导留在家里的曹植好好反省自己："吾昔为顿丘令，年二十三，思此时所行，无悔于今。今汝年亦二十三矣，可不勉与！"因此，他的儿子们大多循规蹈矩、谨言慎行，例如才华出众、公认仅次于曹植的曹衮,就时常自我检点,以为自己这一代人,"生深宫之中,不知稼穑之艰难,多骄逸之失",因而一辈子戒慎戒惧,修身自守,感动得监督他的人最后都要上书表彰他,却还是被他制止。

曹丕当然了解他父亲的心理,而不敢有一点点松懈,即使入主东宫,也依然是"信临高而增惧,独处满而怀愁"(《戒盈赋》)。他在《典论》里写到过他那时有两重忧虑:一是担心在他们兄弟间,会发生袁氏兄弟"二子相屠"那样的悲剧。当年辛毗作为袁谭的使者来向曹操求和,就向曹操讲过袁氏兄弟"不务远略而内相图",而"民无愚智,皆知土崩瓦解"的情形。刘表在给袁尚的信中,也谈到过"每与刘左将军(备)、孙公祐(乾)共论此事,未尝不痛心入骨,相为悲伤也"(《蜀志·孙乾传》)。二是担心父亲和自己的关系,也会像刘表及其长子刘琦那样,"隔户牖而不达"。那一年,曹彰打败乌丸后去见曹操,曹丕就有这样一番嘱咐:"卿新有功,今西见上,宜勿自伐,应对常若不足者。"时刻保持谦虚,不能够得意忘形,这其实也就是他自己在父亲面前的姿态,是贾诩提醒他的所谓"不违子道"。西晋时的阎缵就曾以他为例教导当时的太子,说他立太子后,仍然怕有变数,处处小心,"竟能自全"。宋代的刘克庄也曾分析他的处境,说:"当(曹)操无恙,(曹)植以才,仓舒(曹冲)以惠,几至夺嫡,谓之多忧可也。"(《后村诗话》)多忧,就是提心吊胆,就是不敢怠惰。所以,当年吴人陆机来到洛阳,见曹操的遗嘱上有一段写给儿子的话:"小愤怒,大过失,不当效。"大感意外,孰料一向苛刻、令人生畏的这个父亲,心底里也有柔软如许处。

曹丕被立为太子,对曹植是一个致命的打击,他年少得宠,恃宠而骄,一贯"负才陵物",没料到是这么个结局,于是完全失控。陈寿写他酒后驾车,居然跑到魏王专用的行车道上,使曹操大为震惊,不仅从此"异目视此儿",对其他儿子能否约法三章,也丧失了信心,一怒之下,颁布了一系列对诸侯极为严厉的禁令。

四

曹操对曹丕兄弟本来有很高的期许,在他们封了诸侯以后,一面仍然"训以恭慎之至言,辅以天下之端士",给予正面的教育和引导,还有一面则是上升到"治乱""存亡"的高度,加以严格管控,包括禁止他们之间相互联络、走动:"常称马援之遗诫,重诸侯宾客交通之禁,乃使与犯妖恶同。"这里说的"马援之遗诫",是指东汉马援留给他侄子的遗训,叫他不要妄议长短是非:"闻人之恶,当如闻父母之名,耳可得而闻,口不可得而言也。"而曹操规定之所以有诸侯私底下往来,罪同"犯妖恶",主要也就是要防止他们煽动舆论、结为朋党。

曹丕登基,继承曹操这套"薄骨肉"的办法,甚至于颁布了"诸侯不朝之令",不许曹氏兄弟随便进首都洛阳。陈寿在为曹操子孙写的《武文世王公传》里,最后总结道:"魏氏王公,既徒有国土之名,而无社稷之实,又禁防壅隔，同于囹圄。位号靡定，大小岁易，骨肉之恩乖，常棣之意废。"说的就是他们表面上拥有自己的诸侯国，可是手里什么权也没有，实际上等于被软禁，而这是与《诗经·小雅·常棣》讲的"凡今之人，莫如兄弟"相违背的。这里面一个非常典型的例子就是曹植，他先封平原、封临淄，但是在曹丕称帝后才去临淄就国的，可是第二年就被贬安乡侯，不久徙封东阿，不久再迁雍丘，直到黄初四年（223），才获准赴洛阳朝拜。而照曹丕的说法，这还是"朕于天下无所不容，而况植乎？"曹丕死后，他又封浚仪、封陈，居无定所，辗转流离，所以他后来对魏明帝抱怨说："今反公族疏而异姓亲，臣窃惑焉。"

曹丕命曹植七步作诗的传说，应当就起源于这样一个背景，不管它是不是事实，都很真切地反映了曹氏兄弟之间的紧张关系，也反映了曹魏政权从一开始就有的困境。

从曹操到曹丕，并非没有"欲立万世之业，使子孙长有天下"的打算，可是他们对于宗族内的问题过度焦虑，防内甚于防外，"不思藩屏之术"，以致"雕剪枝干""委权异族"（东晋孙盛语）。据高隆堂说，在魏文帝时，他就已经看到有"异类之鸟，育长燕巢，口爪胸赤"的凶兆，提出过要警惕"鹰扬之臣于萧墙之内"，并主张放权特别是兵权给一些诸侯，使他们能像棋盘上的棋子，从四周围形成保卫皇室的阵势，"镇抚皇畿，翼亮帝室"，可是这些建议都没有得到落实。等到曹魏中期，曹氏宗族的曹冏对于这种"薄骨肉"政策带来的祸患，看得更清楚，他在《六代论》中写道，这么多年下来，结果是"子弟王空虚之地，君有不使之民"，"内无深根不拔之固，外无磐石宗盟之助"。曹氏政权缺乏网络式布局，外无援手，势单力孤，给司马氏取代曹魏带来了机会。

明末清初的王夫之分析曹魏之所以亡，还是缘于曹操对曹植的偏爱，使曹植有了与曹丕一较短长的念头，这才是根本，"拱手以授之他人，非一旦一夕之故矣！"（《读通鉴论》）这都是传统的看法。

五

然而这些后患，曹操、曹丕都还意识不到。

曹丕被立为太子，一步一步，都在为他最后的接班做准备，这里面，也包括了很重要的思想、舆论准备。曹丕被立为太子前，贾诩已教导他"躬素士之业"，就是要读书，学做一个士人。曹丕被立为太子后，便写了一部大书，就是《典论》。《典论》在今天已看不到全本，不过据说当年它曾被刻在六块石碑上，还被抄送给吴国的孙权、张昭，说明曹丕自己也相当重视。明代的胡应麟从《典论》绝口不提曹植，曹植的诗文亦无一语关乎曹丕，看到他们兄弟相忌，以为是"宇宙大缺陷事"（《诗薮》外编），不过根据台湾学者王梦鸥的研究，《典论》中虽不见曹植之名，实际上却是篇篇都有所指，指的都是曹植（《从典论残篇看曹丕嗣位之争》）。

《典论》中有一篇《论文》，《论文》里有一段让古今文人备受鼓舞的话，非常有名："盖文章经国之大业，不朽之盛事。年寿有时而尽，荣乐止乎其身，二者必至之常期，未

曹丕著《典论》

若文章之无穷。"中国历史上,把文章的价值抬高到如同治理国家一般重要的政治人物,曹丕是第一个。

汉代社会,由于钱穆所说朝廷提倡和民间儒业的发达,士人的群体扩大,他们的政治地位也逐渐提高(《国学大纲》)。到东汉后期,聚集在洛阳的太学生有时高达数万,郑玄个人的弟子也有上千,这都在客观上促成了余英时说的士人群体意识的觉醒(《汉晋之际之新自觉与新思潮》)。有名的士人在一起议论朝政、月旦人物,不但可以影响到朝廷政策及政府用人,他们"危言深论,不隐豪强"造成的舆论力量，还能形成对有权势的人的监督，"自公卿以下莫不危其贬议，屣履到门"，在他们中间，因此发展出一支堪与外戚、宦官相抗衡的政治力量。尽管在曹丕出生以前发生的"党锢之祸"，也曾令士人的群体之力遭到折损，可是当时的士风之盛、士气之壮，正如王夫之形容的，已像决堤之水，"抑之而愈以流"(《读通鉴论》)。

士人中交游结党的风气以及由此带来的巨大能量，从曹操到曹丕、到魏明帝曹叡都看得很清楚，这魏氏三祖一方面非常排斥"朋党相尚"的风气，不断予以打击；另一方面，就像曹操自己也不能免俗，要去跟大名士讨个评语一样，他们也都知道水能覆舟亦能载舟，千方百计想要控制和利用这种舆论工具。曹丕接过曹操的魏王、丞相之位，便开始推动九品官人法的实施，就是试图把原来由在野名士操控的评论官员的权力，集中垄断到官府手里。而在他的主导下，同时又有桓范、王象、刘劭等文士经数年编出八百余万字的《皇览》，收入上千篇经传文献，成为中国历史上的第一部类书。从这部早已失传的类书，它的规模、它分门别类纂辑书籍文献的方式，都可想见曹丕有多么大网罗天下知识、掌控天下思想的野心。

由于生在"清谈高论，嘘枯吹生"的时代，懂得士人的影响、舆论的力量，曹丕除了有上述"文章经国之大业"的论断，还有诸如"生有七尺之形，死为一棺之土，唯立德扬名，可以不朽，其次莫如著篇籍"这样的言论。他又曾说自己是"以著述为务"，并且乐意与士人为伍。在被立为太子那一年,他写信给吴质,提到徐干、陈琳、应玚、刘桢这几个人的去世,慨叹"痛何可言邪!"传说他又特别敬重王粲,因为王粲喜欢听驴叫,王粲死后,他就让前去吊唁的人,都要学一声驴叫。

曹丕的这种态度,对整个曹魏时期文化发展的趋势,当然有很大影响,至少他自己,在延康元年(220)接受汉献帝禅位的时候,是冠冕堂皇地以士人自诩的。他回答司马懿等人的劝进,就说自己是"托士人之末列,曾受教于君子"。而在他登基后的第二年春天,又下令鲁郡修缮孔庙,正式恢复对孔子这位"命世之大圣,亿载之师表"的祭祀和尊崇。

黄初二年诏封孔羡为宗圣侯并修孔庙碑

六

在曹丕做太子期间，还召集过儒生文士，就"汉文帝与贾谊"的问题进行专门讨论。

贾谊生在西汉初期，一度受汉文帝重用，在封建诸侯的问题上，提出过很多自己的看法。他的基本主张是强本弱枝，维护中央集权，所以他说："欲天下之治安，未若众建诸侯而少其力。力少则易使以义，国小则亡邪心。"而他形容皇室与诸侯国的关系，也好比身体与臂膀、臂膀与手指，重要的，是能上通下达，"如身之使臂，臂之使指"。可是汉文帝却不同意，他认为对诸侯要怀柔优容，要"曲意从之"，不行，才"切责之"，再不行，这才下狠心杀戮。

与曹丕讨论的儒生文士，大多认为比起汉文帝的策略，贾谊的办法更聪明、更切实，他们说："孝文虽贤，其于聪明，通达国体，不如贾谊。"所谓"通达国体"，指的就是贾谊的上述建言。但在曹丕眼里，贾谊"筹划国策"，却不免为他人臣的立场所限，无法和有"大人之量"的汉文帝相比。身为太子、离摘下皇冠只差一步的曹丕，自然而然地，更认同他心目中"宽仁玄默，务欲以德化民，有圣贤之风"的汉文帝。

班固在《汉书》的文、景二帝本纪中，曾赞扬文帝即位二十三年，"专务以德化民"，使海内殷富，兴于礼义，景帝因循其例，扫除烦苛，与民休息，这样过了四十年，汉代便走上了兴盛的道路。曹丕是读《史记》《汉书》出身的人，他对于"周云成康，汉言文景"的历史叙述，应当不陌生，在他对未来政治蓝图的构想里面，也很难说没有"文景之治"的影子。

他在《太宗论》里面，对于汉文帝能让民众"得阔步高谈，无危惧之心"的魄力就赞佩有加，说是"尉佗称帝，孝文抚以恩德，吴王不朝，赐之几杖以抚其意，而天下赖安"。尉佗称帝，讲的是南越王尉佗自立为武帝，文帝却对他兄弟很好，以德报之，最终使尉佗去帝称臣。吴王不朝，讲的是吴王诈病不上朝，文帝反赐给他几杖。这两件事情，在《史记·孝文本纪》都有记载，司马迁评价说："汉兴，至孝文四十有余载，德至盛也。"

曹丕论汉文帝的文字，现存在《三国志》裴松之注引的王沈《魏书》里。宋代陈亮曾说："余读其论，至于欲使当时累息之民，得阔步高谈，无危惧之心，未尝不为之三复也。"过去有人说王沈"多为时讳"，不如陈寿可靠，但他引曹丕的《太宗论》，大概没有什么问题。问题在于，"以德化民"，这是曹丕做太子时的理想。《魏志·贾诩传》记曹丕一登基，就征求贾诩的意见，说："吾欲伐不从命以一天下，吴、蜀何先？"贾诩回答："陛下应期受禅，抚临率土，若绥之以文德而俟其变，则平之不难矣。"希望他以"德"建国本，如"舜舞干戚而有苗服"，先文后武。但"文帝不纳"。

据说曹丕后来意识到帝王应"秉持中道"，行事不可偏颇，据以检讨汉文帝，认为他也有不足。只是他没有想到，汉文帝在位长达二十三年，他却只有短短七年。

七

曹操突然死在洛阳,曹丕顿时张皇失措,他有诗抒写此时的心情:"我独孤茕,怀此百离""嗟我白发,生一何早。长吟永叹,怀我圣考"(《短歌行》)。据说是司马孚提醒他:"天下恃殿下为命。当上为宗庙,下为万国,奈何效匹夫之孝乎!"他才醒悟过来。

事实上曹操死后不到一年,汉献帝就宣布"众望在魏",效仿传说中的"帝尧禅位于虞舜,舜亦以命禹",将帝位禅让给新的魏王曹丕。禅让与征伐不同,在古代,是政权的一种和平交接方式,据说,它基于贤人政治的理念,不是要把政权交给子孙,而是交给贤人,有道德、有能力的人,禅让就是"让贤"。禅让的传说,如尧让位于舜、舜让位于禹,先秦时就有,可是历史上第一次真正实现,却是在汉献帝与曹丕之间。

也许曹丕看自己,以为早养成汉文帝一般的"圣贤之风",然而依照清代赵翼的看法,自古以来,改朝换代,只有"禅让""征诛"两条路,如果是臣下夺权,就叫"篡弑",曹丕是既想夺汉家的天下,又不肯居"篡弑"之名,因此假托"禅让",而行攘夺。这是把一切的表面文章戳破。历史上,认同这一看法、质疑曹魏政权合法性的人很不少,《三国演义》第七十九回写"曹丕废帝篡炎刘",就不但把汉献帝被逼不过、战栗不已的样子,写得很可怜,又说曹丕在受禅坛上接受群臣呼"万岁"的时候,忽然被一阵怪风卷来,惊倒坛上,也是病了好多天,大为狼狈。后来,梁启

劝禅碑

受禅碑

超在《戊戌政变记》中讲到慈禧对光绪发动的这场政变,是"废立而非训政"时,还引曹丕的例子说:要知道西后垂帘是不是光绪皇帝所恳请,只要去读一读汉献帝禅位于曹丕的诏书,"献帝屡禅,曹丕屡让,若有大不得已者","然则可谓曹丕之践祚,实由汉献之恳请乎"?

曹丕有一首六言诗,写在他登基为魏文帝的第二年:

丧乱悠悠过纪,白骨纵横万里。
哀哀下民靡恃,吾将以时整理。
复子明辟致仕。

这首诗收在裴松之注引的《献帝传》里。曹丕用了《尚书》里周公还政于成王的典故,在这里表明他会将政权交还给献帝,这便是最后一句"复子明辟致仕"的意思。而诗的前四句,讲的都是他有改良社会、赈济人民的决心。经历了汉末长时间的战争动乱,"吾将以时整理",他誓言要以重新整顿秩序,来挽回民心。

陈寿在《文帝纪》中,逐年记录曹丕在任七年所立规章、所做事情,除了像颁布九品官人法、诏令鲁郡重修孔庙以及限制宦官外戚参与政治等,还有如:

黄初二年,复五铢钱。

黄初三年,开仓廪赈济冀州灾民。南征孙权,孙权临江拒守。

黄初四年,诏令敢有私复仇者,皆族之。令博举天下俊德茂才、独行君子。

黄初五年，令谋反大逆乃得相告，其余皆勿听治，敢妄相告，以其罪罪之。立太学，制五经课试之法。禁设非祀之祭。

黄初六年，使者巡行，问民疾苦，贫者赈贷之。为舟师东征，三月出发，十月至广陵，冰冻而还。

这几年间，似乎都不见什么大的动静。后来人对于他在军事上毫无建树尤其感到遗憾，包括今天一些历史学家也都认为他是满足于孙权的表面称臣，没有抓住时机，直捣江东，但是他称帝的这几年，却给魏国带来安定，这倒是和汉文帝相仿佛的。

相师早有预言，说四十岁的曹丕会遇到一个坎儿，他果然没能迈过这个坎儿，没能像汉文帝一样，有更长的政治生命。但无论如何，从建安二十二年被立为太子开始，他对于曹魏的政治、文化就有了越来越深的实际影响，而接受曹操"神武之绩"，受禅即皇帝位，这一新的政权转移模式，更是在他手里创造性地完成。清代末年的孙宝瑄曾强调孔孟对于中国的贡献，不亚于英国洛克以及法国卢梭、孟德斯鸠对他们本国的贡献，因为孟子提出过两种社会变革方案，一为尧舜禅让，一为汤武征诛，"禅让之义，谓庸暗幼弱之主，不宜拥天位也。征诛之义，谓昏暴之君，当受诛于天下也"，所以很了不起。而曹丕代汉，就是由于天子庸暗幼弱，因此强臣夺国、代为天子，理所宜然，"何愧禅让之义！"（《忘山庐日记》）

第三讲　半为当年赋洛神
——《魏志·明帝纪》

一

魏文帝黄初四年（223）五月，曹植、曹彰、曹彪获准上京。曹植以为，这表示已经当了皇帝的曹丕与他们兄弟之间过去的恩怨一笔勾销，"轮不辍运，鸾不废声"，满心欢喜地从封地赶到洛阳，待了两个月，才知道一切都和想象的不同。首先是曹丕迟迟不露面，叫他坐卧不宁，其次是他母亲卞太后几个月前被诏令禁止干政，再也不能给他更多的庇护，最后是曹彰突然病死，令他大感震惊。

曹彰的死，《三国志》只记作"疾薨于邸"，可后世传言纷纷，都说是一场阴谋。有人说是曹丕避而不见，令曹彰"愤怒暴毙"，还有人说是曹丕当着卞太后的面将他毒死，原因就在当年曹操去世，他第一个赶到洛阳，先问"玺绶所在"，暴露了觊觎王位的野心。

这年夏天，雨下个不停，伊、洛泛滥。七月里，剩下曹植、曹彪返回各自封国，两人一路向东，却在使者监督下不得同行。曹植一腔怨念便化作了一首《赠白马王彪》的长诗，诉说洛阳之行给他留下的"苍蝇间白黑，谗巧令亲疏"

的印象，以及亲眼见到"变故在斯须"之后，产生的"百年谁能持"的悲观。此行过后，他还写下一篇《洛神赋》，讲他离开洛阳时，在洛河邂逅一位神女，产生了爱情，却因人神道殊，彼此不能沟通，最终分手。诗和赋都非常有名，尤其《洛神赋》无人不晓，到今天都有以它为题材的戏剧电影轮番上演。关于这篇赋，还有一种最引人入胜的说法，讲赋里写到的洛神的原型，就是曹丕的夫人甄皇后。

二

《魏志·后妃传》写有曹丕两位夫人的传记，一位是文昭甄皇后，一位是文德郭皇后。

甄皇后（183—221）生前并未被立为皇后，"文昭皇后"是她儿子曹叡（204—239）即位后给她追加的谥号。她是今天的河北省无极县人，祖上出过汉太保甄邯这样的大人物，父亲为上蔡令。甄氏家族在中古时代颇有势力，无极边上现在还有一个不小的甄氏墓群。明代汤显祖写《牡丹亭》剧本，那里面女主人公杜丽娘的母亲，他也说来自这个家族，是"魏朝甄皇后嫡派"。

传闻甄皇后生来就有帝王符命，她幼时常有人拿玉衣盖她身上，她的志向也和一般女孩儿不同，喜欢读书写字，要当"女博士"。但陈寿在她的传里其实只记了一件事，说是当兵荒马乱之际，有人拿金银珠玉来换她家储存的粮食，十多岁的甄后就懂得用乱世中"匹夫无罪，怀璧为罪"的道理来开导长辈，要他们开仓赈济邻里亲族。这大概是要说明她心地宽厚、为人大方。

汉献帝建安初年，她嫁给袁绍的儿子袁熙。袁熙去幽州，她留在邺城奉养婆婆。建安九年（204），曹操平定冀州，替曹丕娶了甄氏。

陈寿说一开始，曹丕对甄后宠幸有加，两人生下曹叡和东乡公主。但黄初元年（220）正月，曹丕继承王位，随之接受汉献帝的禅让而为魏帝，同时接纳了汉献帝的两个女儿，这样，加上建安十九年（214）所娶郭氏，身边就有了三个妃嫔。留在邺城的甄氏日渐被冷落，于是抱怨不止，惹恼了曹丕，翌年六月，"遣使赐死，葬于邺"。

陈寿在《后妃传》里写甄后的一生，叙事极简。然而关于她的死，在随后的《文德郭皇后传》里有一个交代，说是"甄后之死，由（郭）后之宠也"。在《方技传》里又补充有一个细节，说曹丕派使者去邺城命其自杀的当晚，梦见一股青气自地而起，直冲上天，他忙去问善解梦的周宣，周宣回答："天下当有贵女子冤死。"他恍然大悟，叫人去追信使，却为时已晚。

五年后，曹丕也死了，他们二十岁的儿子曹叡继位为明帝。年轻的魏明帝似乎一直忘不掉他的母亲，登基后立刻追谥她为"文昭皇后"，又派司空王朗到她邺城的陵上，以太牢之礼给予高规格的祭奠。还仿照周朝人为始祖后稷的母亲姜嫄别立寝庙的办法，在邺城为她修了一座寝庙，以昭告甄后"诞育明圣"也就是生养曹叡的"后妃之功"。

从此后，曹叡在位十三年，几乎年年都有追思、悼念他亡母的活动，要不就是对甄家人封侯行赏。陈寿在《魏志·文昭甄皇后传》里记录下来的就有：

太和元年（227）三月，以千户追封甄后已故的父亲甄逸，谥为敬侯，由甄逸嫡孙甄像袭爵。四月，因在建宗庙时挖出一方玉玺，上面有"天子羡思慈亲"几个字，"明帝为之改容"，便以太牢之礼告庙。又因梦见亡母，再安排录用、赏赐甄家大小，以甄像为虎贲中郎将。适逢甄后母亲去世，再破格制缌服临丧，百僚陪位。

太和四年（230）十二月，因甄后所葬地势不好，改葬朝阳陵。迁甄像为散骑常侍。

太和六年（232），爱女曹淑夭折，追封平原懿公主，立庙，并与甄皇后死去的从孙甄黄合葬。又封甄黄为列侯，以郭后从弟郭悳为二人继子，改姓甄，袭公主爵，封平原侯。

青龙二年（234）春，追谥甄后已故兄长甄俨为安城乡穆侯。夏，以甄像为安波将军，持节监诸将东征吴，还，为射声校尉。

青龙三年（235），甄像死，追赠卫将军，封魏昌县，谥贞侯。他的儿子个个封侯。

青龙四年（236），甄逸、甄俨皆封魏昌侯。追封甄逸世妇张某为安喜君、甄俨世妇为东乡君。甄俨孙女即后来的齐王皇后。

景初元年（237），议定祖宗七庙，曹操为太祖、曹丕为高祖、曹叡为烈祖，"三祖之庙，万世不毁"。同时也为甄后在洛阳立庙，颁令"世世享祀奏乐与祖庙同"，不得违背。

在洛阳立庙，是曹叡死前两年所做的最后决定，使他母亲的死后哀荣达至极点。

此后由于"思念舅氏不已"，他还让甄像的儿子甄畅接替父职为射声校尉、加散骑常侍，又替他修起一座大宅，亲自驾临，并据《诗经·秦风·渭阳》的"我送舅氏，曰至渭阳"，命名此地为"渭阳里"，借以寄托对母亲的不尽哀思。

三

《魏志·后妃传》一共为五位皇后立传，她们分别是曹操的夫人卞后、曹丕的夫人甄后与郭后、明帝曹叡的夫人毛后与郭后。五篇女性传记，就数甄后传最长，可是并不都在写甄皇后本人，大部分篇幅都如上述，是在交代魏明帝如何追悼亡母、如何抚慰甄氏家族。而这一记录也反映出，在甄后死后的二三十年里，由于曹叡连续不断地发起与之相关的各种活动，使"甄皇后"的名字一次又一次被记起，使她的故事一次又一次被叙说。

为什么曹叡称帝后会有这么多动作，而陈寿也都不厌其烦一一记录在案？从《三国志》的记述以及当时的传闻来看，首先一个答案，就应该是"甄后之死，由（郭）后之宠也"。

郭皇后（184—235）是曹丕在黄初三年正式册立的皇后，她是今天河北省邢台市所属广宗县人，虽比不上甄后家世显赫，也世代为官，特别是据陈寿讲，她父亲早已看她有"女中王"之相，为她取字"女王"。女王在丧乱中失去父母，流落到山西一带人家，然后遇见曹丕。就像形容曹丕对付曹植，是"任之以术，矫情自饰"，让周围人个个说他好话，陈寿写郭皇后，也称她"有智数"、会相夫，在协助曹丕稳稳当当被立为太子而为武王继承人这件大事上立功，因而牢牢掌握了主动权。曹丕即王位，她立夫人，曹丕登基为魏帝，她为贵嫔，最后曹丕排除异见，立她为皇后。曹丕死，曹叡继位，也尊她为皇太后。

甄后死时，曹叡才十五岁，他曾是曹操喜爱的长孙，却因生母被赐死的缘故，迟迟得不到曹丕信任，直到曹丕死前最后一刻，才被立为皇太子。而在这一段时间里，关于他母亲的死，据说又风言风语很多，其中最让他感到折磨的，大概是有人说他母亲死状极惨，"被发覆面、以糠塞口"，不能够好好入土为安。他因此非常不快乐，与父亲关系紧张。有一次他们父子狩猎，碰到一对母子鹿，曹丕先射死母鹿，命曹叡去射小鹿，曹叡泪流满面地拒绝说："陛下已杀其母，臣不忍复杀其子！"

正如父、祖一样，曹叡也有一点文艺之才，写过若干乐府诗，其中不乏"我徂我征，伐彼蛮虏""王者布大化"之类威猛进取的诗句，可也有"余情偏易感，怀往增愤盈"这样极端敏感、脆弱、叛逆的作品。他有一首《猛虎行》，先写两株桐树并立，青葱茂盛，再写树上一对"交颈鸣相和"的鸟儿，也叫人爱怜，最后笔锋陡然一转："何意行路者，秉丸弹是窠。"却是危机四伏。这种惊恐万状的情态，仿佛他不忍射杀小鹿的心理。母亲的死，似乎噩梦般纠缠着他的青少年时代。据说他极端内向，口吃，在他登基以前，没有几个大臣见过他的面。见到他的人说他有秦皇、汉武的气质，陈寿也称赞他有"君人之至概"，可是他心底里好像总有一种莫名的恐惧，有挥之不去的阴影。因此他即位后，据说时常向郭太后追问他母亲死的真相，逼得郭太后走投无路，说：你可以向你死去的父亲报仇，难道还要"为前母枉杀后母？"最终也忧虑而死。

这些传闻，当陈寿写《三国志》的时候，六七十年过去，仍在流传。稍早鱼豢写《魏略》，同时代郭颁写《魏晋世语》，后来习凿齿写《汉晋春秋》，都有所记录。裴松之为《三国志》作注，一面收载了这些记录，一面却肯定陈寿仅以"帝大怒""遣使赐死"几个字来写甄皇后的死，是极高明的办法。他说因为曹丕称帝后，"不立甄氏，及加杀害"，已是铁板钉钉的事实，作为一个遵循传统历史书写原则的史家，有义务替当权者避讳、遮掩，而不该抖落更多的内幕和细节。

四

不过可以想象，这些只能在私底下传播的"公开的秘密"，是怎样在曹叡的心里雪上加霜！三十四岁那一年，他终于为了新宠爱的郭元后，让心怀不满的毛皇后自杀，"赐后死"，与他父亲如出一辙。这既像是把毛皇后送给他母亲做陪葬，以尽最大的孝道，又像是以同等残忍的手段来与他父亲达成最后的谅解，从此卸下心头沉甸甸的包袱。这件事发生在景初元年，不知是否偶然，九月毛皇后赐死，十二月为甄后在洛阳立庙，转眼到景初三年（239）正月，他就病重去世，比他父亲还少活了四年。

青龙三年郭后死，与曹丕合葬在洛阳附近的首阳陵。甄后赐死，本来无缘享受同等待遇，不过曹叡根据周人"上推后稷，以配皇天，追述王初，本之姜嫄，特立宫庙，世世享尝"的办法，先在邺城别立寝庙，后在洛阳正式立庙，使他生母也能享受"与祖庙同"的祭祀规格，这在历史上是破天荒之举，前所未有。从此往后，东晋、宋、齐、梁、唐才都有了"后妃庙"（杜佑《通典》）。

而曹叡在太和元年营建宗庙时，竟能发掘出"天子羡思慈亲"的玉玺，似乎是"至孝烝烝，通于神明"，孝子之心感天动地，这件事也令人称奇，所以后来人讲"孝"，便有"汉奁""魏玺"的典故。"汉奁"，讲的是东汉明帝看见他已故母亲阴太后阴丽华的镜奁，百感交集。阴丽华当然有名，她是汉光武帝刘秀的妻子，刘秀年轻时仰慕她的美貌，曾说"娶妻当得阴丽华"。而"魏玺"，就是讲曹叡掘地得到这块刻有他心思的玉玺，为之动容。

五

曹叡在位时，曾有杜恕上疏指出"今之学者师韩、商而上法术，竞以儒家为迂阔，不周世用，此最风俗之流弊"（《魏志·杜恕传》）。崇尚法术、轻忽儒家思想造成的不良风气，大体可以用后来裴頠的话来概括，即"悖吉凶之礼，而忽容止之表,渎弃长幼之序,混漫贵贱之职"(《崇有论》),就是礼崩乐坏、长幼贵贱失序。而这一风气的形成,在历史上,往往又被追溯到从曹操开始的一系列政策,特别是他在建安后期不吝提拔"或不仁不孝而有治国用兵之术"者的诏令,虽然体现出他求贤若渴的心情,但夹在极端强调"以孝治天下"的汉、晋两个朝代之间,不免给人留下他不尊礼法的很深的印象。

这里面,当然也包括有他对于薄葬以及丧仪从简的要求,与因为重孝道而鼓励厚葬且丧仪隆重的习惯,就恰好是对立。所以,曹丕在父丧期间仍不停止游猎,当时便招致鲍勋的不满,质问他:五帝三王皆"以孝治天下",你又"如何在谅暗之中,修驰骋之事乎!"(《魏志·鲍勋传》)而曹丕于此时"大飨六军及谯父老百姓于邑东",歌舞宴会,同时又接纳汉献帝两个女儿,在东晋孙盛看来,更是有悖于天理、人情,是"天心丧矣,将何以终!"再后来曹丕死,赶上大夏天落葬,大臣们"以暑热固谏",曹叡也就没去送葬,这同他父亲相比,又好像是有过之而无不及,因此遭到孙盛"魏氏之德,仍世不基"的批评,那些"固谏"的大臣,也被他骂成是"弃君于恶"。

然而,这是否意味着曹魏时代对于孝道就完全漠视?

熟悉《三国志》的人都知道曹操的这样几个故事:一是张邈背叛他,将他手下毕谌的母弟妻子都劫了去,他便对毕谌说:"卿老母在彼,可去。"以后毕谌回来,他不计前嫌,又说:"夫人孝于其亲者,岂不亦忠于君乎!吾所求也。"(《武帝纪》)二是他抓住陈宫，问他为吕布策划时，为何不曾想自己还有"老母及女"，陈宫回答："宫闻孝治天下者不绝人之亲，仁施四海者不乏人之祀，老母在公，不在宫也。"他于是"召养其母终其生，嫁其女"(《魏志·吕布传》)。三是曹休十岁丧父，"携将老母，渡江至吴"，后北归，曹操即表扬他："此吾家千里驹也。"(《魏志·曹休传》)曹休后来"丧母至孝"，据说曹丕夺其丧服、给其酒肉，但也更爱重他。这些都是被人反复说道的例子，表明曹操是知道"其为人也孝悌，而好犯上者鲜"(《论语·学而》)的道理的。

曹操杀孔融是更有名的一例。《魏志·崔琰传》写"太祖性忌，有所不堪者，鲁国孔融、南阳许攸、娄圭，皆以恃旧不虔见诛"，意思曹操杀孔融，是因为他倚老卖老、出言不恭，偏偏他的言谈举止影响又太大。孔融不敬的言论很多，据说最后被曹操当成把柄的，主要是祢衡替他到处散布的一个理论，讲孩子和父母的关系，好比物品寄存在罐子里，没有什么亲不亲的，而当天下饥荒时，如果父亲不好，也可以把食物让给别人。曹操认为这些言论，超出了天道、人伦的底线。过去被胡适称作"四川省只手打到孔家店的老英雄"的吴虞反对传统的礼法制度，批判作为儒家阶级制度和家族制度基础的孝的思想，就引过孔融的这一主张(《说孝》)。鲁迅也举过这个例子，来说明曹操既反对名教，又以名教杀人，言行不一，是由于他"是个办事人，所以不得不这样做；孔融是旁观的人，所以容易说些自由话"(《魏晋风度及文章与药及酒之关系》)。但从另外的角度看,这件事证明曹操心里面其实明白,孝与不孝,才是一个关键的、可置人于生死的问题。

《汉书·艺文志》说:"夫孝,天之经,地之义,民之行也。举其大者言,故曰《孝经》。"《孝经》的作者,《汉书》以为是孔子,不过今天人一般认为它大概成书于秦汉之间。汉代《孝经》的传本不少,有隶书所写今文本,还有孔氏壁中发掘的古文本,而从《隋书·经籍志》等目录当中可以了解到,它在曹魏时代曾经有过好些注本,像被唐玄宗奉为"先儒之领袖"的王肃的注解本,还有苏林、何晏、刘劭等人分别编写的注释本。

何晏、刘劭,在《魏志》里都有专门的传记。何晏是曹操养子,娶金乡公主,官至吏部尚书,《何晏传》只写他"好老庄言、作《道德论》及诸文赋著述",其实他是一个调和儒、道的人物,他注过《孝经》,也做过《论语集解》,后者迄今残存。又根据陈寿的评价,刘劭也是一个"该览学籍,文质周洽"的学者,不但为《孝经》作注,还为曹丕编过《皇览》、为曹叡制定过《新律》,他的著作,今天尚有《人物志》存在。苏林的事迹附在《刘劭传》《高堂隆传》里,虽则简略,不过鱼豢《魏略》就称他为当时"儒宗"。这些人注释过的《孝经》早已经片纸不存,但他们确实都不是等闲之辈。

现在唯一部分保留的是王肃的注本。王肃的父亲就是最早受命到邺城祭奠甄后的王朗,作过《孝经传》,王肃当是传承家学。他又是司马昭的岳父，早前司马懿已奏称"并奉诏诸儒注述《孝经》，以（王）肃说为长"，西晋初年，他的《孝经注》便得到官书地位，他编的《孔子家语》等书也都借着这样的政治势力而流传开来。

且不说曹叡即位之初，已有意"尊儒贵学"，这些重要学者纷纷参与《孝经》的注解和传播，反映出孝的提倡，在曹魏时代并没有中断。

六

在中国两千年的历史上，孝是维系家庭关系、社会秩序的一种很重要的伦理，即便三国乱世，个人与乡里家族不可分割，孝也还是家族间的基本道德（唐长孺《魏晋南朝的君父先后论》）。只是孝的行为，因时因地可以有不同规定，也有变通，如《荀子·子道》就说"明于从不从之义，而能致恭敬"，意思是孝为一种礼仪，这种礼仪必须符合人的性情，如有违背，也可不从，这才是"大孝"。这就可以理解曹操何以在不同情势下而有不同的倾向和举措。

但是，有研究女性史的西方学者也注意到，东汉"上层社会成员"利用丧葬来表现的，往往是对母亲的"私有"感情，却很少以同样方式对待其父亲。他们认为这种差异是由父爱和母爱为两种不同模式造成，就像《礼记·表记》里说道："今父之亲子也，亲贤而下无能；母之亲子也，贤则亲之，无能则怜之。母亲而不尊，父尊而不亲。"父严母慈，父子关系表现为社会关系，母子关系才具有私密性，因此对父亲只有尊敬，对母亲才有爱的感情（董慕达《中国战国和汉朝时期的母子关系》）。有意思的是，上述与曹操相关的几例，的确大多表现的就是对母亲的孝心。

曹叡即位不久，就设置了专门编写国史的史官"著作郎"一职，"著作郎"的名称，自此沿用到元代。而根据陈寿的记载，曹叡曾与王肃讨论司马迁撰写《史记》的问题，他怀疑司马迁因受宫刑而对汉武帝怀恨在心，说他"著《史记》非贬孝武，令人切齿"。王肃辩称：司马迁著书在前，"不虚美，不隐恶"，汉武帝看到景帝及他自己的本纪后，怒而删削，并将司马迁投入蚕室，他才是一个记仇的人（《魏志·王朗传》）。这一段对话，反映出曹叡对史家会如何记述、评价自己，其实非常在意。

《孝经》里说："生事爱敬，死事哀戚，生民之本尽矣，死生之义备矣，孝子之事亲终矣。"父母活着时要尊敬，死后要哀伤，这是孝子应尽的责任。《论语·学而》引曾子的话也有"慎终追远，民德归厚矣"，何晏引孔安国的解释称："慎终，丧尽其哀，追远，祭尽其敬。"这是说慎重、虔敬地举行葬礼和祭奠仪式，民风自会渐渐地敦厚起来。很难说曹叡大张旗鼓而又连续不断地祭祀、追念他的生母，不是为了表现他孝得深挚、绵长，而足以为民众楷模。

事实上，青龙三年郭太后死，他也亲自送葬，并且作诔倾诉自己"叩心擗踊，号咷仰诉"的悲伤，看起来与《孝经》的规定若合符节，而他以"哀哀慈妣，兴化闺房，龙飞紫极，作合圣皇"来颂扬郭太后对他们父子既有恩又有德，当然也表现得非常有孝心。

七

陈寿在《魏志·文德郭皇后传》里写曹丕将要立郭女王为皇后时，栈潜曾上疏劝阻。栈潜苦口婆心论述"圣哲慎立元妃"的道理，警告曹丕感情用事的结果必是秩序大坏，说："若因爱登后，使贱人暴贵，臣恐后世下陵上替，开张非度，乱自上起也。"这篇上疏全文俱录，在《后妃传》的最后，陈寿还总结性地提到它"适足以为百王之规典，垂宪范乎后叶"。尽管在《魏志·文德郭皇后传》里，几乎看不到任何褒贬，不过引录这篇上疏，恐怕足以表明陈寿的态度。而这或许就是他将曹叡带有补偿心理和翻案意思的悼念活动，不动声色地逐年记录在案的一个原因。

曹叡持续十来年的追悼，令他母亲甄皇后重新回到人们的视野，虽死犹生，同时被赋予"大魏世妃""后妃之功莫得而尚"等身后的美名。当时甚至有"玺书迎后"的传闻，说曹丕其实已经决定迎立甄后，是甄后自己谦虚，担心长期患病的身体不能适应皇后的角色，故而"玺书三至，而后三让"。又传说当时盛夏，曹丕已经准备了要等秋凉去接甄后，却不料甄后一病不起，而后"帝哀痛咨嗟，策赠皇后玺绶"。这些传闻，虽如梁章钜说，跟陈寿记载的甄后以"怨言"赐死有很大出入（卢弼《三国志集解》引），可是都在美化曹丕的同时，也维护了甄后"贤明不妒"的形象。

从此以后，在世人的记忆中，甄氏不但个性仁慈敦厚，知书达理，还花容月貌，姿貌绝伦。

裴松之注引鱼豢《魏略》、郭颁《世语》都说当日曹操父子攻进邺城袁家，看见甄氏，"见其颜色非凡"，赞叹不已。到了东晋孙盛的《魏氏春秋》以及五世纪的《世说新语》，这一故事，又增加了曹操宣布"今年破贼，正为奴"的情节，似乎与袁绍父子交战，就为了夺得甄后。由此传闻孔融写信给曹操，以"武王伐纣，以妲己赐周公"来影射他父子，曹操不知由来，还去问，更被孔融讥笑："以今度之，想当然耳。"曹操喜欢自比周公，写诗都说"周公吐哺，天下归心"，所以，后来人推测孔融是在暗讽曹操父子都对甄后有意。

当曹丕还很珍惜甄氏的那些年，宾朋满座、酒酣耳热之际，还会让甄氏出来拜客，据说很有名的一个文士刘桢就是因为莽撞失敬，差一点被杀头，罚去做工。《魏志·卫臻传》记夏侯惇为陈留太守，也曾"命妇出宴"，而被卫臻批评为"末世之俗，非礼之正"，气得夏侯惇把他关起来。妻子拜客，清代王鸣盛认为是曹丕他们开的一个"浮华轻薄"的很坏的头，导致"一时风气流宕如此"（《十七史商榷》）。

据《晋书·陈寿传》说，当陈寿还在蜀时，因守父丧期间让婢女侍候自己服药治病，而遭乡人议论，影响到他的仕途，"沉滞者累年"。但在《魏志·后妃传》里，也许并非偶然，他却将曹叡如何尽孝记录得十分仔细，从而使曹叡的孝名传播于后世，使死去半个多世纪的甄后也依然活在三国历史的讲述当中。

这些关于甄后的记述和传闻，后来传得最远、引起争议最多的，当然还要数曹植的《洛神赋》乃是为甄氏所写这一条。

八

根据《三国志·陈思王植传》的记载，曹植少年即援笔立成、应声而对，因有"才"而特被曹操宠爱，悉心栽培。可是这个"才"也好像害了他，使他"不自雕砺"，不能够很好地自我约束、自我砥砺，因而坐失继承王位的良机。他身边的几个重要谋士，如杨修、丁仪、丁廙等也都一一被害。曹操死后，他和其他诸侯王一样被遣往远离洛阳的封国，黄初二年亦即甄后赐死当年，他因"醉酒悖慢"遭到处罚，从此"十一年中而三徙都"，度过人生中"汲汲无欢"的最后十年，到他侄子曹叡时代，也不曾有任何改变。

陈寿写《陈思王植传》，于曹丕、曹叡相继即位后，记叙了曹植历年的四篇上疏，或是讲述他"庶立豪氂，微功自赎"的愿望，或是表达他"乘危蹈险""为士卒先"的决心，或是倾吐他渴望"安宅京室""拾遗左右"的心曲，都表现出非比寻常的政治热情以及重新回到权力中心的诉求。读这些上疏，确有如鱼豢的感受："余每览植之华采，思若有神。以此推之，太祖之动心，亦良有以也。"也都会赞同陈寿的评价，即"文才富艳，足以自通后叶"，可是从这些文字中也可以看到，它们所反映曹植对自己处境和未来的想象，同现实之间实在有巨大的反差。陈寿说，直到太和六年（232）

去世以前，他一直都在谋求与魏明帝的"别见独谈"，幻想会有"论及时政，幸冀试用"的那一天，但"终不能得"。

陈寿指出，曹植的问题在于"不能克让远防，终致携隙"，然而他写曹植晚景凄凉，"僚属皆贾竖下才，兵人给其老残"，以陈王的身份，手下老弱残病不过二百人，显然也怀有相当的同情。归根结底，他是个诗人，不是政治家，他的文章可以"譬人伦之有周（公）、孔（子）"（钟嵘《诗品》），而在政治上，他却是一败涂地。

黄初四年，在与曹彰死别、与曹彪生离之后，他写下《洛神赋》。赋写得非常典雅，描写洛神的美丽活泼和第一人称"余"的患得患失心理，都细腻而有层次，因而流传很广。后世不但有许多文学的仿作，还出现过如顾恺之《洛神赋图》和王献之法书那样的书画作品。唐代有一个故事，讲西晋初年，有个叫刘伯玉的人，时常在家诵读《洛神赋》，又时常感慨："娶妇得如此，吾无憾焉！"他妻子听到很嫉妒，愤愤不平地说："你何以得水神美而欲轻视我，我死，何愁不为水神？"当晚就果断跳了河，然后托梦给刘伯玉说自己已经变成水神，不想吓得刘伯玉终身不敢渡河（《酉阳杂俎》）。这故事本来要讲妒妇的厉害，但它的引子却是《洛神赋》，由此也可见出《洛神赋》为雅俗所共赏的程度。

在《洛神赋》的流传过程里，也有各式各样的故事附会到它上面。有一个传说，就讲当年曹植爱上甄后，但拗不过曹操把甄后许配给了曹丕，只能独自怀着满心的委屈，昼思夜想，废寝忘食。曹丕了解到他的心思后，便在黄初四年他到洛阳时,将甄后的遗物玉缕金带枕送给他。曹植因此梦到甄后对他说:"我本托心君王,其心不遂,此枕是我在家时从嫁,前与五官中郎将,今与君王……"为纪念这段梦中奇缘,曹植写了一篇《感甄赋》,被曹叡看见,改名为《洛神赋》。这个传说被记录在《文选·洛神赋》的唐代李善注里面,因为《文选》是唐人应考的必读书,由此伴随着《文选》的传播也越传越远,到后来更是二者合一、虚实莫辨。

寓政治于娱乐,寓娱乐于文学,大概是唐代人喜欢的方式。毕竟在政治上,甄后、曹植同是失意者,在与曹丕的关系中,他们也都处于弱势,而两个失意者的结合,或许又最能让读史的人得到一种帮助弱者实现公平正义的心理满足。尽管就像后来人指出的,甄后与曹植年龄相差十岁,甄后嫁给曹丕时曹植才十三岁,这两人根本没有可能相爱,可是这一传说硬是把他们牵扯到了一起。像李商隐写《东阿王诗》,就说:"国事分明属灌均,西陵魂断夜来人。君王不得为天子,半为当年赋洛神。"似乎对甄后的爱恋,才是曹植政治上受挫败的导火索。

不得不承认,与《洛神赋》相伴的这些带有善良的世俗趣味的传说,使甄氏的形象在日后变得好像洛河之神,"翩若惊鸿,婉若游龙,荣耀秋菊,华茂春松",成了女神的代表。尽管在这一路赞美之下,也不时有像明代杨慎所说"甄氏何物,一女子致曹氏父子三人交争之如此"这样武断的推测,甚至还有像蒲松龄所写,甄后后来同刘桢曲尽欢好,且将曹操的"铜雀故妓"送给刘桢(《聊斋志

顾恺之《洛神赋图》局部

异·甄后》)这样荒诞的小说。

这些当然都远远超出了《三国志》的记载,但正是由于有文学的生动描绘和传说的想象虚构,锦上添花,捕风捉影,才使三国的历史有了这最绮丽、浪漫的一个情节。

第四讲　不出房闼心照万邦
——《魏志·武宣卞皇后传》

一

接受东汉"皇统屡绝，权归女主"，"终于陵夷大运，沦亡神宝"（《后汉书·皇后纪》）的历史教训，三国的政治人物对于女性介入政治，抱有特别的警惕。但是，就在这样一个时代，女性却未见得如坊间所传全然没有作为，她们也自有一种特别的影响力。这里就要讲到曹操的夫人卞氏。

卞氏（160—230）的家乡在琅琊开阳，即今山东省临沂市，她原来的职业是倡，《说文解字》说"倡"即"乐也"，就是说她是一名受过专业音乐训练的艺人。东汉末年，曹操在自己的家乡安徽亳州娶她为妾的时候，她才二十岁，然后一路跟着曹操到了洛阳。汉代《古诗十九首》里有一首诗，写一个倡女嫁给荡子之后的生活："青青河畔草，郁郁园中柳。盈盈楼上女，皎皎当窗牖。娥娥红粉妆，纤纤出素手。昔为倡家女，今为荡子妇。荡子行不归，空床难独守。"与这位独守空房的倡女相比，卞氏要幸运得多。

曹操当时还有位夫人姓丁，丁夫人之前还有刘夫人。刘夫人死得早，留下曹昂和清河公主由丁夫人抚养，不幸曹昂在建安二年（197）随父南征时战死，丁夫人承受不了这个打击，竟然心理崩溃，日夜哭泣，让曹操很不耐烦，将其遣送回家。

卞氏却与丁夫人不同，个性刚毅，也足够沉着。有两件事情可以证明。

一件事发生在中平六年（189），董卓进京，废刘辩而立刘协为汉献帝，并杀何太后，自任太尉。董卓是陇西人，不要说他的军队骁勇善战，就连当地妇女，据说也能"戴戟操矛，挟弓负矢"（《后汉书·郑太列传》），其势自然不可阻挡。董卓本来也要笼络曹操，可是曹操不愿意，化装出城暂避，当时传言就说曹操已死，他那些随从也就吓得要离开洛阳，回老家去。卞氏挺身而出，拦住他们说：曹君这一去，是福是祸尚且不知，你们就要走，那如果明天他活着回来，你们怎么有脸见他？正因有难，才要共生死嘛！曹操后来听说了这件事，大感欣慰，建安初年，眼见得形势转好，便废掉丁氏，确立她为继室。

还有一件事，发生在曹丕被立为太子时。曹丕是汉灵帝中平四年（187），卞夫人二十六岁左右时所生，建安二十二年（217）立为太子，当即有人来向她道贺，有人还建议她用赏赐的方法，来让天下人分享喜悦。卞氏回答说：魏王是看曹丕年纪较大，才让他做了继承人，这顶多说明我并非教导无方，哪里就到了要把御府内收藏的宝物都拿来送人、普天同庆那一步？听到这番话，曹操更是高兴，称赞她"怒不变容，喜不失节，故是最为难"。

卞氏嫁给曹操后，随军东征西讨，养成了俭省的习惯。曹操在世时，厉行节约，他自己的衣被洗洗补补都能用上个十年八年，别人家往往烧香以除秽气，他却不准家里面放香熏，搁在衣服里头也不行，只许用枫胶、蕙草作为香料的替代品。卞氏因此从来也不穿好的衣料，衣服上都没有什么花边装饰，曹操有一次拿出名贵的耳饰，她只选取一副中等的，完全没有争强好胜、出风头的意思。可是，她待人却热情大方。这种作风，对于曹操在乱世中树立清廉形象，完成大业，自然有加分的作用。

二

《古文苑》里有一篇卞氏写给杨彪夫人袁氏的信，是现存卞氏的唯一作品。不过，由于《古文苑》的来历颇可怀疑，它收录的作品真伪难辨，署名"卞夫人"的这封信，也很难说就真是她本人所写。但由于《古文苑》里除了有卞氏的这封信和袁氏的回信以外，还收了曹操写给杨彪的一封信并杨彪的复函，这两对夫妇的四封信围绕的是同一件事情，就是杨彪的儿子杨修被曹操杀掉这件事，而在今人所编《曹操集》中，也都收有曹操的这封信，因此，这里也不妨就卞氏此信，作一点分析。

杨修（175—219），字德祖，是太尉杨彪的儿子。他家从杨震起，四世太尉，和袁绍家族一样，"为东京名族"。杨修做曹操的丞相主簿，聪明过人，《世说新语·捷悟》篇才有七条，四条都与他有关，都是讲他如何善于揣度曹操的心思。一般认为他之所以被杀，是由于卷入曹丕与曹植争太子的矛盾，他与曹植走得太近。曹植有一封写给他的信，居高临下地批评当代作者，同时诉说自己"戮力上国，流惠下民"的宏愿，不得已才去当了一个作家（《与杨德祖书》），是文学批评史上的名篇。曹植还有一篇《柳颂》，序是这样写的："余以闲暇，驾言出游，过友人杨德祖之家。视其屋宇寥廓，庭中有一柳树，聊戏刊其枝叶。故著斯文，表之遗翰，遂因辞势，以讥当世之士。"似乎他和杨修在一起，总是月旦人物，自命清高。而杨修在《孔雀赋》的序里也借题发挥，说："魏王园中有孔雀，久在池沼，与众鸟同列。其初至也，甚见奇伟，而今行者莫眡。临淄侯感世人之待士，亦咸如此，故兴志而作赋，并见命及。"大概他和曹植一样，也有满腔郁郁不得志的苦闷。

《魏志·陈思王植传》说，曹操忌惮杨修足智多谋，又是袁术外甥，有强大的家族势力在背后支持，担心他会干扰到太子曹丕的顺利继任王位，因此在建安二十四年（219），借口他泄露机密太多，将他杀掉。

早在建安初年，曹操就曾借口杨彪与袁术的姊妹结婚，有谋反嫌疑，而将杨彪抓捕，因孔融、荀彧等人竭力营救，才让杨彪死里逃生。现在杀死杨修，据《后汉书·杨震传》说，再见到杨彪，曹操大吃一惊，问："公何瘦之甚？"杨彪回答："愧无日䃅先见之明，犹怀老牛舐犊之爱。"意思是后悔自己对儿子过于疼爱，没能像金日䃅那样，下狠心自己杀掉惹祸的儿子。曹操听到这里，也不免"改容"。这大概也就是《古文苑》里的曹操致杨彪信的出炉背景。

曹操在信中解释杀杨修的原因，并罗列给他们夫妇的礼单，以抚慰他们的"父息之情"。信是这样写的：

> 操白。与足下同海内大义，足下不遗，以贤子见辅。比中国虽靖，方外未夷，今军征事大，百姓骚扰。吾制钟鼓之音，主簿宜守，而足下贤子恃豪父之势，每不与吾同怀。即欲直绳，顾颇恨恨，谓其能改，遂转宽舒，复即宥贷，将延足下尊门大累，便令刑之。念卿父息之情，同此悼楚，亦未必非幸也。今赠足下锦裘二领，八节银角桃杖一枚，……所奉虽薄，以表吾意。足下便当慨然承纳，不致往返。

在曹操写信给杨彪的同时，卞氏又以夫人的身份写信给杨彪夫人，行夫人之外交：

> 卞顿首。贵门不遗，贤郎辅位，每感笃念，情在凝至。贤郎盛德熙妙，有盖世文才，阖门钦敬，宝用无已。方今骚扰，戎马屡动，主簿股肱近臣，征伐之计，事须敬咨。官立金鼓之节，而闻命违制，明公性急愤然，在外辄行军法。卞氏当时亦所不知，闻之心肝涂地，惊愕断绝，悼痛酷楚，情自不胜。夫人多容，即见垂恕。故送衣服一笥，文绢百匹，房子官锦百斤，私所乘香车一乘，牛一头，诚知微细，已达往意，望

为承纳。

将这两封信合起来看，曹操说自己杀杨修，为的是国家利益、"海内大义"，道理极大、极正当，冠冕堂皇，杨修"每不与吾同怀"，那就不得不杀。卞氏呢，她代丈夫补充说明杀杨修的具体原因，那就是"官立金鼓之节，而闻命违制"，虽于情不忍，却势不得已，不杀不可。夫唱妇随，刚柔兼济，这两个人配合得天衣无缝。

曹操曾对手下官兵说："治平尚德性，有事赏功能。"他觉得平常看一个人，只要看他为人好不好就够了，可是真到有大事了，节骨眼儿上，还要看这人的本领是否高强。卞氏临危不乱，又善于调和斡旋，当可以"功能"相称。

三

建安二十四年，曹操封魏王，卞氏便以"抚养诸子，有母仪之德"受封王后。转年儿子曹丕即位为王，她被封王太后，不久为皇太后。黄初七年（226）曹丕死，曹丕的儿子曹叡继位，又被尊为太皇太后，直到太和四年（230）去世。

卞氏比曹操小十岁多，却是多活了整整十年，亲眼看见儿孙坐到皇帝位上，也体验到母仪的崇高与威严。曹操生前，对妻家有所戒备，卞氏每次帮弟弟卞秉向曹操邀官讨钱，都被曹操一口回绝：他已经做了我小舅子，还嫌不够吗？但是曹操一死，卞秉照样封侯升官，起大宅子。卞秉的儿子卞兰在曹丕做太子时，献赋颂扬太子"才不世出"，曹丕明知这话有水分，却仍觉得受用。卞兰的孙女，后来成了曹丕孙子曹髦即高贵乡公的皇后，卞兰弟弟卞琳的女儿，后来也成了曹操孙子曹奂即陈留王的皇后。终曹魏之天下，可以说一直有卞家相伴左右，即便是曹家的政敌晋武帝司马炎，仍爱卞氏女子，而皇后杨艳也提醒他："卞氏三世后族，不可屈以卑位。"仅此一点，亦足见卞氏不是一个普通的妇女，她的才能恐怕还远在曹操的估计之上。

杨联陞早年写过一篇《国史上的女主》，主要讨论太后摄政以及母权、妻权的问题，他说在以儒教为本的传统中国，因为鼓励孝的行为，母亲的地位通常较高，这是有些太后临朝称制的前提。东汉以来鼓励孝行，好几位太后都临朝称制，而临朝称制最成功的，要数和熹邓后。邓太后十七年掌政，抑制外戚、减轻赋税、重视文化教育，赢得朝臣拥戴，史称"和熹故事"。在她之后，太后中也不无有心效仿者。大概是害怕这种"权归女主"的历史会重复上演，曹丕当政后，想方设法阻止他母亲插手政务。黄初三年（222），他下达了一纸防止太后预政的禁令：

> 夫妇人与政，乱之本也。自今以后，群臣不得奏事太后，后族之家不得当辅政之任，又不得横受茅土之爵。以此诏传后世，若有违背，天下共诛之。

据说在中国历史上，这是第一次有明文禁止太后摄政并禁止其家族干涉政治。

但是卞王后升格为太后,也不愿意轻易放弃太后的权威,该到她出手时还是会出手。

首先就是对曹植的庇护。曹丕和曹植都是卞氏所生,曹植年幼,卞氏很是疼爱。本来两个儿子都有机会做太子,曹操最后选择了曹丕。曹丕登基,最不能摆平的就是曹植,他很快下令曹植与其他诸侯王都离开邺城,留在自己的藩国。曹植在临淄(今山东省淄博市),因为醉酒侵犯监督他的使者,差点儿被砍头,靠了母亲卞太后,才得以降级换取性命。他屡屡犯规,得罪曹丕,曹丕满心不舒服,就转弯抹角地让卞兰去向太后吹风,太后知道卞兰与曹丕要好,当时敷衍他说"你去跟文帝讲,不能因为我坏了国法",可是真见到曹丕时,却又一言不发。所以,卞太后去世,曹植在他撰写的诔文里面,极尽所能地表彰他的母亲,赞扬她嫁给父亲以后,"玄览万机,兼才备艺,汎纳容众,含垢藏疾。仰奉诸姑,降接侔列,阴处阳潜,外明内察",等到曹丕登基,升格为太后,又"悼彼边氓,未遑宴息,恒劳庶事,兢兢翼翼。亲桑蚕馆,为天下式",她一生中"不出房闼,心照万邦,年逾耳顺,乾乾匪倦",一直到老,都是里里外外,无一不照顾到。

曹操有个堂弟曹洪,曾在初平元年(190),曹操刚起义被董卓手下徐荣流矢所伤时,以马相授,救了曹操一命。他是个文化不高的人,建安二十年(215)他随曹操平定汉中,叫陈琳帮他写信给曹丕,信中却说陈琳太忙,没空代笔,这

隋代开皇十三年曹植墓碑拓片

封信是"自竭老夫之思",就是由他自己写的,因为"间自入益部,仰司马(相如)、扬(雄)、王(褒)遗风,有子胜斐然之志,故颇奋文辞,异于他日"(陈琳《为曹洪与世子书》),此地无银三百两,可是没人相信他的话。据说曹洪家里富裕,为人却很吝啬,曹丕小时候向这位族父借东西,他都不肯给,曹丕称帝后,找了个借口便要判他坐牢。卞太后听说后,马上跑到郭皇后那儿去威胁:曹洪今天死,我明天就下令皇帝废掉你这个皇后。一面又在曹丕面前连哭带求地说:"梁沛之间,非子廉无有今日!"软硬兼施,两面加压,横竖不让给曹洪治罪。这事记在《魏书·曹洪传》里。

尽管曹丕刻意禁止母亲干政,但他到底死在母亲之前。

《世说新语·贤媛》篇说曹丕重病期间，卞太后去看他，眼见侍奉他的都还是曹操时代的宫女，顿时怒火中烧，痛声责骂："狗鼠不食汝余"，以后再也不去看儿子。

直到魏明帝曹叡就位，有时碰到像曹洪的乳母、临汾公主因供奉淫神而犯罪这样的事，卞太后都要出来替她们辩护，而曹叡也不敢公开得罪老祖母，只能与大理正司马芝串通好了，假装根本没收到她的求情信。因为曹叡非常了解，他这位老祖母有一种不肯善罢甘休的脾气。那还是在他即帝位不久，太和二年（228），诸葛亮率蜀军进驻汉中，他亲自到长安鼓舞士气，当时不知怎么就有传言说他死了，他的叔叔曹植要来取代他。谣言传到洛阳城，卞太皇太后以下的官员都惶恐不安，直到他平安归来，谣言不破自消。太皇太后后来一直想要追究谣言的出处，明帝只好说服她：既然天下纷纷传言，您又打哪儿查起呢？他宁愿采取息事宁人的态度。

四

卞氏遇见曹操，正是曹操托病辞官、赋闲乡里，读书行猎、逍遥自在的时候。曹操这个人，本来兴趣就杂，围棋、书法，样样精通，他对音乐的爱好，更是出了名的。西晋张华作《博物志》说："蔡邕善音乐，冯翊山子道、王九贞、郭凯等善围棋，太祖皆与埒能。"王粲的《英雄记》讲建安十年（205），曹操杀袁谭后，"自作鼓吹，自称万岁，于马上舞"。这时，他已年过五十岁。

汉末战乱之际，皇室的不少乐官、倡优流落民间，有的就被曹操收留，比如"能《鞞舞》"的汉灵帝西园鼓吹李坚，还有汉雅乐郎杜夔，杜夔又帮他找来同样懂得雅乐的邓静、尹商，以及会演唱宗庙郊祀曲的尹胡、能跳传统舞蹈的冯肃和服养。《世说新语·忿狷》篇记有一则传闻："魏武有一妓，声最清高而情性酷恶，欲杀则爱才，欲置则不堪，于是选百人一时俱教。少时，还有一人声及之，便杀恶性者。"说明曹操爱音乐，胜过他爱人，可以到血腥残忍的地步。在他写遗嘱时，也忘不了叮嘱后人，以后每逢初一、十五，都要让他的婢妾、伎人面对他的坟墓，为他奏乐。

陈寅恪解释曹操之所以爱好音乐，是因为他出生阉宦家庭，他父亲的养父是汉桓帝时的宦官，当东汉末年，贵族士大夫与宦官严重对立，士大夫崇奉儒家经典，阉宦寒族却崇尚通俗文艺。《金明馆丛稿初编》里有好几篇文章都提到这一点。

但是，在东汉后期，譬如马融这样的"通儒"，也都"前授生徒，后列有女乐""达生任性，不拘儒者之节"，不但鼓琴吹笛、注《离骚》、写琴歌，还写出《长笛赋》《琴赋》之类的作品，《长笛赋》还作为描写音乐的名篇，被收入后来昭明太子编的《文选》。虽有赵岐那样的士人，对马融相当鄙薄，娶了他的侄女，却不肯与他见面，以为"马季长虽有名当世，而不持士节，三辅高士未曾以衣裾撇其门也"(《后汉书·赵岐传》注引《三辅决录注》)，可是，汉末大儒卢植、郑玄还都是他的学生。另外一位学者、亦为曹操尊重的蔡邕，也是"好辞章、数术、天文，妙操音律"。他著有《琴操》，他的学生阮瑀则写过《筝赋》。《世说新语·言语》篇还记载祢衡被曹操罚做鼓吏，正月半试鼓，为《渔阳掺挝》，"渊渊有金石声，四坐为之改容"。可见得不仅是宦官人家，在当时，一般儒者也都爱好音乐，这可以说是一个时代的风气。

刘师培在《中国中古文学史》的讲义里，谈到汉魏之际的文学变迁，他指出汉灵帝喜欢俳词，是导致社会上崇尚华靡的原因之一，延至魏初，习气依旧。汉灵帝于光和元年（178）设置所谓"鸿都门学"，专门招收能写文赋、尺牍与擅长书法、鸟篆的人，这些不懂经术，进不了太学或东观，却是有点艺文偏才的人，在汉灵帝的宠幸下，不但迅速封侯拜官，谋得实惠，又被图形塑像，一时间成为文人学士的典范。如蔡邕所说，他们当中，"其高者颇引经训风喻之言，下则连偶俗语有类俳优"，早已开了通俗文艺的风气。

五

不管怎么说，卞氏艺人出身，当曹操遇到卞氏以后，他的音乐才能肯定得到更加淋漓尽致的发挥。不知是不是曹操娶卞氏为妻，卞氏后来又贵为王后、皇太后、太皇太后的缘故，曹魏的几代帝王几乎都有不错的音乐细胞，既懂得欣赏音乐，也喜欢笼络艺人。

曹丕在诗里多次写到他以歌舞美酒招待宾客，比如"清夜延贵宾，明烛发高光。丰膳漫星陈，旨酒盈玉觞。弦歌奏新曲，游响拂丹梁……"（《于谯时作》）比如"夏时饶温和，避暑就清凉。比坐高阁下，延宾作名倡。弦歌随风厉，吐羽含徵商……"(《夏日诗》)他还曾有一封信写给繁钦，说他见到一个十五岁的女孩儿名叫琐，模样清纯可爱，跳起舞来，"能上乱灵祇，下变庶物"，唱起曲来，又比车子的"喉转长吟"还要婉转动人，所以，他很想纳女孩儿为妾："吾练色知声，雅应此选，谨卜良日，纳之闲房。"信中提到的车子，是指繁钦向他推荐的十四岁歌伎薛访车子，因繁钦之前写信给曹丕，讲过车子为歌唱天才，"能喉转引声，与箫同音"，又说见到她，"乃知天壤之所生，诚有自然之妙物也"。

曹植写到音乐的作品也很多，譬如《箜篌引》就说："置酒高殿上，亲友从我游……秦筝何慷慨，齐瑟和且柔。阳阿奏奇舞，京洛出名讴。"

东汉灰陶乐人舞者

曹叡则是最喜欢"游后园，召才人以上曲宴极乐"的，他在许昌修景福殿，据韦诞的《景福殿赋》描述，其中就"有教坊讲肆，才士布列，新诗变声，曲调殊别。吟清商之激哇，发角徵与白雪，音感灵以动物，超世俗以独绝"。他还在洛阳的宫殿旁边，特意建八坊，集中了上千女子在此学习歌舞。后来，曹爽就是从他这里继承了"才人七八人及将吏、师工、鼓吹、良家子女三十三人，皆以为伎乐"，并"发才人五十七人送邺台"，命曹叡时的婕妤教习为伎的。据说，魏明帝的继任人齐王曹芳，也有"每见妇女有美色，或留以付清商"的习惯。

以儒家正统观念去衡量，这似乎都是不怎么体面的事情，但是，由于曹魏帝王尤其是三祖陈王都有这种爱好，又利用他们的地位推广普及，因此造成一个时代的风气，并由此在音乐文化上，创造出许多新鲜元素来。

拿音乐来说，《宋书·乐志》就记载汉代有一种无伴奏的"但歌"，后来叫"相和曲"，起初由一人唱三人和，深得曹操喜爱，他下令乐师对它进行改造，加上表达感情婉转细腻的丝竹乐器伴奏。后来明帝曹叡又对它改造一番，从一部分为二部。当时的中央政府，还成立有一个"清商专署"，是专门的音乐管理机构，主要演唱汉代古辞及曹魏三祖的作品。传统的雅乐，是以金石为乐器，清商曲则是以丝竹演奏为主。直到南朝时，王僧虔都还在说："今之清商，实由铜雀，魏氏三祖，风流可怀。京洛相高，江左弥重。"王运熙二十世纪五十年代也专门写过一篇详细的《清乐考略》。

三祖陈王既喜欢音乐，也喜欢亲自填写歌词。据说"太祖登高必赋，及造新诗，被之管弦，皆成乐章"，就是说曹操熟悉乐律，每当兴致一来，都要赋诗抒发胸臆，把这些诗拿去配乐，也都能配得很妥帖。他的传世名篇如《短歌行》《步出夏门行》等，都是这样写成的。他还大胆改造旧时音乐的性质，用古曲配新歌。比如《薤露》本来是送葬时唱的丧歌，他用《薤露》旧曲敷衍的新歌词，却是咏时事的："唯汉廿二世，所任诚不良……瞻彼洛城郭，微子为哀伤。"到了曹植手里，这个曲调更变成励志的诗篇："人居一世间，忽若风吹尘。愿得展功勤，输力于明君。"还有《陌上桑》，本是汉代艳曲，曹操却用它来唱神仙，曹丕还用它来写从军；它们原来还是长短句，曹操也把它们改为整齐的五言。这也有点像一九四九年后歌唱领袖的那首《东方红》，音乐旋律采自陕西民间小调，据说还是情歌，却变成气势磅礴的一首颂歌。曹操毕竟为一代君王，他是太强势了，因此文学史上总要把他当成五言诗的一个源头。

曹丕的诗不如弟弟曹植写得好，但他爱音乐如同爱游猎。他有一首《短歌行》是为哀悼父亲而写，据说演奏时他要亲自"抚筝和歌"。他还有一首《燕歌行》"秋风萧瑟天气凉，草木摇落露为霜"，也非常有名，在文学史上被视为七言诗的始祖。

曹叡的作品现存很少，可是他有一首《棹歌行》"王者布大化"写到伐吴，其中说"发我许昌宫，列舟于长浦。翌日乘波扬，棹歌悲且凉"，气势相当不凡。

曹氏父子中，当然五言诗写得最多最好的是曹植，他的《名都篇》："名都多妖女，京洛出少年。"《野田黄雀行》："高树多悲风，海水扬其波。"都被昭明太子收入《文选》，成为文学史上的佳构。中国古典诗歌在后来的一千多年里，都是五言、七言的体制，要说曹氏父子有开辟之功的话，这个功劳应当是非常了不起的。

《文心雕龙·时序》说："魏武以相王之尊，雅爱诗章，文帝以副君之重，妙善辞赋，陈思以公子之豪，下笔琳琅。"在帝王的倡导之下，王粲、陈琳、阮瑀、左延年等著名文士也都写有歌词。譬如建安十八年，曹操为魏公，始建社稷宗庙，就命军谋祭酒王粲改写《俞儿舞歌》的歌词。《俞儿舞歌》原是西汉初年，刘邦让人根据秦中流行的舞曲制作的，年岁久远，歌词都读不大通了，王粲听过巴渝人的演唱，配合着乐曲，写下了歌颂曹魏的新歌词。关于曹魏时期乐府的详细情况，可以参看萧涤非二十世纪三十年代毕业于清华研究院时，写的论文《汉魏六朝乐府文学史》，后来修订由人民文学出版社出版。

这里要强调的是，曹魏时代文学艺术的繁荣，与卞氏这样的女性大概是分不开的。而这样的情形，在历史上也并非没有先例。

六

西汉武帝时，音乐和诗赋都很发达，中央专门设有"乐府"机构，到各地采了诗来吟诵。武帝所娶李夫人，原来就是"妙丽善舞"的名倡,她出生中山郡(今河北省定州市),中山这个地方,据司马迁《史记·货殖列传》说,地薄人众,不少人以倡优为业,男子能慷慨悲歌,女子则鼓瑟歌舞,游媚富贵,入后宫,遍诸侯。万曼遗作《汉唐风物杂考》里,有一篇《赵女的故事》,对中山邯郸女子之为西汉的歌舞班头,曾有考述。

李夫人的父母兄弟都是倡,其兄李延年因"善歌,为变新声"而被武帝从狗监提拔到协律都尉,主持国家祭祀大典的用乐。《汉书·外戚传》记述李延年为武帝边舞边唱:"北方有佳人,绝世而独立,一顾倾人城,再顾倾人国。宁不知倾城与倾国,佳人难再得!"武帝大为感动:"善!世岂有此人乎?"李夫人不幸死后,武帝痛悼不已,将她的像挂在甘泉宫,又通过方士"致其神",并为之作诗,令乐府演唱:"是邪非邪,立而望之,偏何姗姗其来迟!"同时,还写了一篇哀悼的赋。

西汉成帝宠幸的皇后赵飞燕,与她被封昭仪的妹妹赵合德,原来也都学过歌舞。《汉书·礼乐志》记成帝时"郑声尤甚",权势之家敢与皇帝争女乐,黄门名倡"富显于世"。桓谭《新论》就说,他在成帝时做乐府令,手下掌管的倡优伎乐,多时可达上千人。汉成帝自己喜欢学问,譬如他让刘向大规模地整理书籍,在他的时代,文学艺术也相当发达,出现了扬雄这样伟大的作家。《文选》收录女作家的作品稀少,却有署名"班婕妤"的一首《怨歌行》,这个班婕妤,是《汉书》作者班固与协助过邓太后执政并写有《东征赋》的班昭兄妹的姑奶奶,她也曾为成帝所爱。

也许很难说清楚,曹操究竟是因为爱音乐,而娶了为倡的卞氏,爱屋及乌?还是因为先看中了卞氏这个人,而她恰巧有着良好的音乐修养,误打误撞?但是有一点大约可以相信,在曹魏的文学史特别是音乐文学史上,像卞氏这样一个女性,还是通过对曹氏三代人潜移默化的影响,间接地影响了一个时代。

第五讲　鸿鹄比翼游
——《魏志·何晏传》

一

写历史难免以成败论英雄，可成败不是一时一世的事，如何衡量，史家有时也难以把握。曹魏时代的何晏（？—249）就近乎于此。东晋著名的研究《春秋谷梁传》的学者范宁痛恨当时"浮虚相扇，儒雅日替"的风气，把责任怪到一百年前的何晏、王弼两个人身上，说"王、何蔑弃经典，不遵礼度，游词浮说，波荡后生"，是使"仁义幽沦，儒雅蒙尘，礼坏乐崩，中原倾覆"的罪魁祸首，比桀、纣的暴虐更甚。"中原倾覆"，被迫南迁，这一迁便是近三百年，说何晏难逃其责，亦可见他在历史上的影响，绝非寻常人可比。现代人讲三国，也都视他为"以老庄为宗而黜六经"的玄学领袖，在魏晋南北朝的思想文化史上给他以大大的篇幅。

但是这样一个何晏，在《三国志》里，原来只有短短四十几个字的传记：

> 晏，何进孙也。母尹氏，为太祖夫人。晏长于宫省，又尚公主，少以才秀知名，好老庄言，作《道德

论》及诸文赋著述凡数十篇。

这一篇小传放在《魏志·诸夏侯曹传》里。《诸夏侯曹传》记载曹魏的"亲旧肺腑",其中有一个叫曹爽的,父亲曹真是曹操收养的孤儿,官拜大将军。魏文帝曹丕死前,命曹真与陈群、司马懿辅佐魏明帝曹叡,明帝死前,又命曹爽与司马懿辅佐齐王曹芳。齐王芳年幼,曹爽便与司马懿争起权来,开始曹爽占尽上风,大权独揽,却禁不住司马懿老谋深算,不声不响蛰伏了几年,突然翻盘,杀掉曹爽及其党羽。

在被司马懿一网打尽的曹爽党羽中,就有时任吏部尚书的何晏。何晏本来是汉末大将军何进的孙子,大概因为他母亲后来做了曹操夫人,他自己也娶了曹操女儿金乡公主,与曹家结缘,他的传记便附在《曹爽传》的后面。不过这寥寥数十字传记透露出来的,却好像他仅仅是一个身份特殊的宫廷文士,在历史上不见得有多大作为。

就像过去已经有人指出的,陈寿写《三国志》,已是在司马氏执政的西晋王朝,对于司马懿的政敌,自然说不出什么好话。这样来看,他写何晏时如此节制,情有可原。但还有另外一点是需要说明的,就是陈寿也并不像他的史家前辈司马迁、班固那样,对文人学士抱有极大的兴趣。《三国志》叙事简洁,又不设专门介绍礼乐制度、书籍学问的"志"或"书",基本上都是以政治人物为中心的"纪"和"传",是一部典型的传统政治史,其中偶有文人学士现身,往往都如惊鸿一瞥。

何晏也不例外。

二

虽然陈寿为何晏写传时惜墨如金，但是借助他在其他相关传记中的书写，并借助同时代以及后人记下的各种传闻，大体上仍可以拼出一幅何晏的全图。

传说中的何晏，"慧心天悟，形貌绝美"，七八岁便能同曹操论说兵书，曹操也是"奇爱之"。可是他正式登上三国历史的舞台，却要到齐王芳继位，在曹爽身边形成了一个以曹氏家族成员为核心的政治集团，他也参与其中。这样，在帮助曹爽立威名于天下后，他便出任吏部尚书，掌管人事大权，走出书斋，变成了政治前台最活跃的人物。

但在陈寿笔下，何晏的政治生涯并不见得光彩。《曹爽传》写他们这一批人在曹爽得势时为所欲为，不是深文周纳、迫害异见者，就是侵占良田、窃取官物，生活上骄淫盈溢、奢靡越矩，"有司望风，莫敢忤旨"，就是曹爽的弟弟也看不下去，不要说他们的政敌，当然更揪住不放。比如司马岐听说邓飏要以言论罪处圭泰以重刑，就很恼火，指责他"肆其私愤，枉论无辜"，必要使人人自危。而司马昭的岳父王肃则是把他们比作"前世恶人"、西汉宦官弘恭和石显那样的佞臣。这当中，陈寿记录下傅嘏对何晏的评价最是刻薄，傅嘏形容何晏"外静而内銛巧，好利，不念务本"，根本是一个巧言令色、其俗在骨的轻薄之人，还叮嘱曹爽兄弟千万不要受他蛊惑,让良善之人都疏远了朝政。这些激烈反对的舆论,反映出如周一良所说的,何晏他们在政治上仍然是坚持了曹操的传统,重才能、轻操行(《魏晋南北朝史札记》)。

正始十年(249)正月,曹爽兄弟随齐王芳拜谒魏明帝高平陵,司马懿趁机屯兵洛水浮桥,以"背弃顾命,败乱国典"的罪名,奏请罢免曹爽兄弟,紧接着又宣布他们"谋图神器,大逆不道",很快将曹爽、何晏这一批人全部"夷三族"。

高平陵之变,是魏晋禅代的前奏。这件事,当年在蜀国就引起轰动,据说与曹爽交过手的益州刺史费祎,专门写了一篇文章,评说司马懿在这一事件上的功过。文章讲到有一些人认为曹爽兄弟都是凡品庸人,却胆敢骄奢僭逸、私树朋党、谋以乱国,司马懿此举,不失"称其任,副士民之望"。然而也有人不同意,说司马懿在没有预先告知的情况下,趁人不备,一朝屠戮,不是"大人经国笃本"的做派,更何况"废之刑之"已足够,何尝非要斩尽杀绝,连何晏之子也就是曹魏的亲外甥也不放过?(《蜀志·费祎传》裴松之注引殷基《通语》)

陈寿是蜀人,对费祎所述两种意见恐怕都有耳闻。在《吴志·诸葛瑾传》里,他还记录有孙权对曹丕托孤于陈群、曹真等人的评价,说这些不是文人诸生,就是宗室戚臣,"宁能御雄才虎将以制天下?"长此以往,必然是"群下争利,主幼不御",离败亡不远。孙权断定在魏明帝时代将要发生的祸乱，实际只是延长到了齐王芳时，而道理还都是那些道理，陈寿也很清楚。可是，在他写《三国志》的时候，只剩下一个立场可选，作为一名西晋史官，他要写的是胜利者的历史。不过纵然如此，在《魏志·三少帝纪》的评论中，他还是指出：从高平陵之变到陈留王禅位于晋，这十五六年间发生的一系列政治变故，根源都在魏明帝没能选好自己的接班人，这直接导致了"曹爽诛夷，齐王替位"。

只有到司马氏王朝结束，讲述这段历史的人不必再有陈寿时代的忌讳时，史家才又开始重新追究历史真相，这时，才有如唐太宗在《晋书·宣帝纪》里的评论，说："天子在外，内起甲兵，陵土未干，遽相诛戮，贞臣之体，宁若此乎！"表示难以相信司马懿的做法，是出于忠贞、代表正义。清代学者钱大昕则认为陈寿既不为李丰等忠于曹氏的人写传，又立足于司马氏一边抨击曹爽、何晏、邓飏，这种有意的遗忘和选择性的描述，根本是对历史的歪曲："初非实录，其亦异于良史之直笔矣。"（《廿二史考异》）这就降低了《三国志》的价值。

三

曹爽等人被杀后，王凌担心幼主受制于强臣的局面一发不可收拾，曾有心扶植楚王彪，以取代齐王芳。他将计划透露给儿子王广，王广劝他不要轻举妄动，所举例便是曹爽、何晏，视之为前车之鉴。据传王广分析说："曹爽以骄奢失民，何平叔虚而不治"，他们"变易朝典，政令数改，所存虽高而事不下接，民习于旧，众莫之从。故虽势倾四海，声震天下，同日斩戮，名士减半，而百姓安之，莫或之哀"。从这一段评论里面，现代史家或看到何晏一伙儿实行自上而下的政治，对人民的危害何等深刻猛烈（吕思勉《三国史话》），但也许还应该进一步检讨：魏的建国也就二十来年，曹氏子弟何以养成高高在上的习惯，不切实际，不食人间烟火，"所存虽高而事不下接？"

何晏这一批人的政治主张是什么？陈寿没有给出直接答案，但延续曹操重才能、轻操行的路线，当然就是"具有法家精神"（汤用彤《读人物志》）。在正始间曹爽最炙手可热的年代，何晏接替卢毓做吏部尚书，卢毓是汉末大儒卢植的儿子，也是魏明帝后期非常信任的一个人，在何晏死后，又官复原职。据说卢毓选拔、考核官员的标准，就是"先举性行，而后言才"，这一点，恐怕就是同何晏在理念上的分别。

魏晋时人谈"才性"，才性合、才性不合，讲的是人天生性分各殊、才能有偏，评价起来，到底是"性"还是"才"重要？"性"和"才"又是什么关系？考察人物，也有由形到神很复杂的一套。何晏关于"才性"，有一段套用《易系辞》的话也相当有名，他说夏侯玄是"唯深也，故能通天下之志"，司马师是"唯几也，故能成天下之务"，他自己是"唯神也，不疾而速，不行而至"。这里当然是高估了他自己，不过证明他重才能而轻操行，也实在不是因为不懂才性之学。据晋惠帝时傅咸的回忆，他也是很能胜任吏部尚书这一职务的，能使"内外之众职各得其才，粲然之美于斯可观"。傅咸本是他的政敌傅玄的儿子，能说出这番话，也表明何晏并不是完全"虚而不治"。

《魏志·齐王芳纪》引有正始八年（247）何晏的一篇上疏，不知是否因为齐王芳"不亲万机，耽淫内宠，沉漫女德，日延倡优"，通篇都是对齐王芳的教训，既告诫他"所与游必择正人，所观览必察正象，放郑声而弗听，然后邪心不生而正道可弘"，又要求他"御幸式乾殿及游豫后园，皆大臣侍从，因从容戏宴，兼省文书，询谋政事，讲论经义，为万世法"，从平常交往，到每一天的生活，一条条都规定得很细、很严格。钱大昕读这篇上疏，就认为何晏是有"大儒之风"，对范宁式的批判完全不认可，"此岂徒尚清谈者能知之而能言之者乎？"他说问题在于曹爽本人是个庸才，"不足与断大事"，这才为司马懿所害，而"魏之国是去矣"（《何晏论》）。

说何晏有"大儒"之风，未必为虚言。在治理国家方面，儒、法手段不同，可是目标从来一致，你中有我，我中有你。何晏自己是有儒学造诣的，他作过《孝经注》，还编过《论语集解》。这部《论语集解》亦曾漂洋过海到朝鲜、日本，十四世纪在日本刻印的这部书，迄今仍能见到，而所谓"集解"，就是集合各家注释，也包括孔安国、马融、郑玄、陈群、王肃等汉魏间学者对《论语》的训解。连王肃都不避，也可见他的包容。

四

但是在《三国志》短短的何晏传里，陈寿毕竟写的是

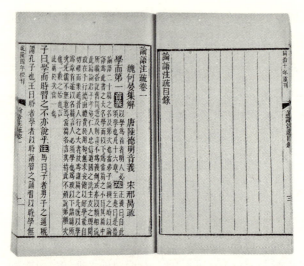

《论语集解》何晏集解 陆德明音义 邢昺疏。清乾隆四年（1739）校刊同治十年（1871）重刊本

他"好老庄言，作《道德论》"。《道德论》虽已不存，不过从题目上看，也可知它是从老子的《道德经》来。传说何晏本来有注释《老子》的打算，可是见到王弼的《老子注》很精彩，便改注为论，而"论天人之际"。这篇论的影响，在二百多年后的王僧虔《诫子书》里还可以看到，王僧虔警告他儿子不要染上坏的读书习惯，说："汝开《老子》卷头五尺许，未知辅嗣何所道，平叔何所说，马郑何所异，《指例》何所明，而便盛于麈尾，自呼谈士，此最险事。"这里面"平叔何所说"，大概就是指何晏的《道德论》。

值得注意的是，在《三国志》的全部记载当中，与何晏有同样思想倾向的，只有比他年轻一辈的阮籍和嵇康，阮籍是"以庄周为模则"、嵇康是"好言老庄",这意味着陈寿相当清楚从何晏到嵇、阮,是魏国思想界的重要脉络。他虽然并未料到由何晏他们推动的这一波思想风气,会一路发展为令"中原倾覆"的巨大力量,不过他最终将何晏定位为一名文士,还是表现了他作为史家的卓越见识。

有关何晏特立独行的传闻,在当时及后世都很多,在相当多传闻里,何晏都仿佛是一个引领时尚的人。与陈寿同时代的魏国史家鱼豢形容他"动静粉白不去手,行步顾影",似乎随时准备表演、粉墨登场。也有人说他"好妇人服",穿女式衣裳、哗众取宠。穿衣服不按规矩,男穿女装或女穿男装,在过去都被视作阴阳颠倒,有妖孽气。男人傅粉,也不是什么好事,据说只有像汉惠帝那样以貌取人,他身边的年轻男子,才要涂脂抹粉以博宠幸。汉末时有一个大名士李固遭人诬陷,陷害他的人就说他在皇帝治丧期间,"独胡粉饰貌,搔头弄姿,槃旋偃仰,从容冶步"。所以,传言中何晏傅粉、穿女服,对他并不是一种褒扬,主要还是说他异端。传说魏明帝对他也很好奇,约他大夏天一起吃热汤饼,要看一看他出汗时,脸上是什么颜色。

汉末三国初期,战争频繁、社会动荡,穿衣戴帽都没法讲究。曹操崇尚俭朴,传说他见曹植妻子穿绣花衣,便要"以违制,命还家赐死",而他顾虑战争使物资匮乏,还让军人就以普通白布便帽做正式的官帽,"以易旧服"。在这种不拘一格的氛围下,曹洪有一次办庆功酒会,就放肆地"令女倡著罗縠之衣踏鼓",气得杨阜呵斥他:"男女之别,国之大节，何有于广坐之中裸女人形体，虽桀纣之乱，不甚于此！"然而，魏明帝也曾当着杨阜的面，"着绣帽，被缥绫半袖"，大概是露着半条膀子。杨阜也很不高兴，说："此于礼何法服！"杨阜是甘肃天水人，在曹操时代有平定陇右之功，为人严正，看不得这些人任性胡来，不顾礼节，可魏明帝显然就是另外一路。何晏是曹魏亲戚，不要说他何家早几代就是屠户，他穿衣打扮如傅玄讥讽的"服妖"，还有他整个人都是不肯循规蹈矩，在这个家族里面，一点也不奇怪。

离经叛道而更有甚者，是他在京师洛阳，带动起一股服药的风气。

曹操本来就服药，那主要是为治病、养生。何晏说："服五石散非唯治病，亦觉神明开朗。"他服药，主要是在精神上寻求某种刺激，这就更上一层。他服的五石散、寒食散，本来都是治疗伤寒杂症的，很能刺激神经。据陈寿同时代人、服药而有心得的皇甫谧回忆说：由于何晏耽溺声色，他率先服药，服药后不但精神很好，身体也变得强健，在京师传为佳话，大家便争先恐后地效仿，有些人因此治好了慢性病，这样在他死后，这股风也并没有衰歇，服药的人越来越多。可是渐渐地，就有些人因为服药不当，而五官痉挛错位，或者背上长疮溃烂，有人还为此丢了性命。因为皇甫谧的说法，晚清以来的人如俞正燮、余嘉锡，就把魏晋时的服药比作清末人的吃鸦片，认为都是以长久的健康为代价，拼得瞬间的极度快乐。鲁迅同情何晏，说他吃药是由于身子不好、不能不吃，但也指出他作为吃药的发起人，该骂。(《魏

晋风度及文章与酒及药的关系》)

这些构成何晏叛逆名士形象的传闻,在《三国志》里都看不到。陈寿唯一记载的"八卦",是说何晏死前不久,因连日梦见有大黑苍蝇绕鼻头,驱之不去,他心里不踏实,便找来术士管辂替他占卜,管辂坦率地说:这是大祸将临之兆,因为你今天的权势和地位,都不是你该得的,"今君侯位重山岳,势若雷电,而怀德者鲜,畏威者众,殆非小心翼翼多福之仁"。

何晏精通《易》学,一二百年后的南朝人读《周易》,仍要参考他的意见,可是在学问上游刃有余的这位大学者,却无法凭学问掌控自己的命运。转眼过了新年,陈寿写道:"西北大风,尘埃蔽天,十余日,闻(何)晏、(邓)飏皆诛。"冷峻的笔墨,既写出管辂的料事如神、毫不含糊,也显示出他对何晏不存一点温情。

五

魏明帝时代是曹魏国力最强的时代。陆逊曾告诉孙权,原以为曹丕死后,魏人会"望旌瓦解",但谁知他们很平静,曹叡"选用忠良,宽刑罚,布恩惠,薄赋省役,以悦民心",对吴的威胁,不亚于曹操(《吴志·诸葛瑾传》)。而在魏国,当时有两种大的舆论,一种舆论是说吴、蜀在侧,虎视眈眈,势必要保持战时状态,增强军备,励精图治;还有一种相反的舆论,则说现在大局已定,应该放松下来过和平、安定的生活,人力、财力都要转投到建设上,要用台榭苑囿来树立国威。事实上魏文帝立太子后,就意识到不能像他过去崇拜的汉文帝那样,再过"俭而无法"即俭朴到不讲章法、礼法的生活。到了魏明帝时,按照陈寿的评论说,尽管还是"百姓凋敝,四海分崩",却阻止不了魏明帝"遽追秦皇、汉武,宫馆是营"的决心,他要从"打天下"改为"治天下"了。

魏明帝在位十三年(227—239),根据《明帝纪》的记载,主要是在许昌、洛阳两地大兴土木、修筑宫殿。太和五年(231)是个不错的年成,春夏之际,司马懿在天水阻止了诸葛亮的进攻,北方的鲜卑人到幽州来进贡名马,匈奴也被收服,更重要的是小皇子曹殷诞生,天下大赦。秋天到来,魏明帝心念一动,忽然打算召见诸王及宗室公侯,准许他们带一个儿子来洛阳,自从魏文帝下令诸王不得留住京都,他不见这些亲戚已有十二年,现在到了与诸王重修关系的时候。第二年春天,他又一路巡行、慰问,到了许昌,这时刚满一岁的小皇子不幸夭折,却也没能打断他修复许昌宫并建景福殿、承光殿的计划。在随后的两三年里,曹植、汉献帝刘协、诸葛亮、郭太后相继去世,象征一个时代将要过去,新的一页就要揭开。青龙三年(235),在许昌宫修缮完毕后,他又下令大治洛阳宫,起昭阳、太极殿,筑总章观。

对于魏明帝的决策,《三国志》里记载了很多大臣的批评,《辛毗杨阜高堂隆传》就是一个典型,这篇传记中的三个人都是极为坚定的反对者。辛毗提醒魏明帝蜀、吴都不会善罢甘休,"诸葛亮讲武治兵,而孙权市马辽东",现在当"为社稷计"，与民休息，增加国力。杨阜屡屡上疏，讲的也都是"兴国在于务农"的道理，他认为"广开宫馆，高为台榭"，对农业造成的危害最大，这样下去，会招致"颠覆危亡之祸"。高堂隆则远引秦始皇修阿房宫而"殃及其子，天下叛之，二世而灭"为例，近以汉武帝继文景之治后"外攘夷狄，内兴宫殿，十余年间，天下嚣然"作教训，再三劝他不要重蹈覆辙，要明白这是"天下人之天下，非独陛下之天下"！就是那一位主张过"立教观俗，贵处中庸"，对于把是否节俭跟个人品德联系起来，说"吏有着新衣、乘好车者，谓之不清，长吏过营，形容不饰，衣裘弊坏者，谓之廉洁"，批评士大夫故意弄脏衣服、将官袍藏起来，或朝臣自带饭盒上班这样一些"激诡之行"的汝南士人和洽，这时也改变态度，呼吁"息省劳烦之役，损除他余之务，以为军戎之储"（《魏志·和洽传》）。

魏明帝当然听不进这样的劝谏，在反对的声音下，他不仅亲临施工现场，"躬自掘土以率之"，为公卿以下至于学生做表率，又还更严厉地督促工期，亲自问责，不容分辩，常常是对方"言犹在口，身首已分"。陈寿写他建设宫殿、装饰观阁，动辄派遣数万人参与施工，又不惜四处取材，"凿太行之石英，采谷城之文石"，并"铸作黄龙凤皇奇伟之兽"，人力物力都耗费极大，可是他还反驳批评他的大臣，叫他们去学一学修未央宫的萧何，他说："王者宫室，亦宜并立。灭贼之后，但当罢守耳，岂可复兴役邪？是故君之职，萧何之大略也。"也嘲笑辛毗他们借着这个机会提出批评，可以为自己博一个好名声："二房未灭而治宫室，直谏者立名之时也。"

与上述异见者不同，当许昌的景福殿修成后，何晏与夏侯惠、韦诞、缪袭等立刻写了《景福殿赋》来赞美它。在这几位作者里面，夏侯惠是夏侯渊的儿子、曹操外甥，有才学而擅长写奏议。韦诞是有名的书法家，曹魏宫观多由他题写匾额，传说凌云殿建成后，他登梯上去题字，胆战心惊地写下来，头发全白。

六

以上夏侯惠等人的作品大多遗失，或仅存片段，唯有何晏的《景福殿赋》靠着《文选》的收录保存下来。赋当然是一种文学书写，可是这篇赋赋予景福殿以极大政治意义的写法，却相当值得注意。

《景福殿赋》首先交代景福殿的修建缘起，它说从曹操开始，"大哉唯魏，世有哲圣"，到魏明帝时已蔚为盛世，"远则袭阴阳之自然，近则本人物之至情"，既与天道自然相吻合，又与人道世情不违背，还能顺应历史的以及未来的潮流。在"莫不悠游以自得，故淡泊而无所思"这样一个大好形势下，当太和六年三月，魏明帝巡视许昌时，便有官府大臣、宏儒硕学考虑到溽暑难耐而又随时有征伐岷越之事，提出在许昌修一座景福殿。赋中写道：

> 昔在萧公，暨于孙卿，皆先识博览，明允笃诚，莫不以为不壮不丽，不足以一民而重威灵，不饰不美，不

第五讲 鸿鹄比翼游 93

东汉灰陶加彩楼

足以训后而永厌成。故当时享其功利，后世赖其英声。

引萧何、荀子的典故，在这里，是要说明现在修宫殿，意义更大过宫殿本身，因为可以借此确立一套制度礼仪。萧何是西汉初年的丞相，他主持修建未央宫，起初刘邦都觉得浪费，并不高兴，于是萧何告诉他："天子以四海为家，非壮丽无以重威，且无令后世有以加也。"教他懂得天子统辖的范围极广，假如没有与这广大范围相匹配的壮丽雄伟的建筑，不足以压阵脚，也不足以给后来人定规矩。荀子的意思是，修建宫室台榭，目的在于遮风避雨，让君主能够安安心

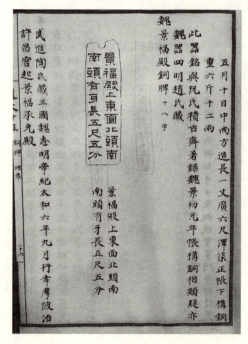

景福殿铜牌

心地在里面"养德辨轻重"。这就是说建筑不光为居所,更是文明的象征,是权力、制度的象征。何晏强调,正是在大臣、儒生们的这种劝说下,魏明帝才决定修景福殿,以"备皇居之制度"。

接下来,何晏对景福殿的崇高壮伟、富贵华丽,从各个角度,不厌其详地叙述、描写,说明它怎样彰显"圣主之威神"。景福殿里有树木花卉,有温房凉室,不少房间里还有寓教于乐的绘画,譬如嫔妃的椒房,就画有虞姬、姜后、钟离春、班妾、孟母等历史上杰出女性的故事。如果登高望远,则能遥目九野,同时俯瞰市井风情、观察农人耕耘,感悟深思、"居高而虑危"。

这个崇高壮丽、变化万端而又处处精致的景福殿,自然也体现着工匠的智慧,可"与造化乎比隆",但是更值得赞叹的,是它的"规矩既应乎天地,举措又顺乎四时",反映了当今社会的秩序与繁荣,都已是前所未有。而在如此强大的魏国面前,"彼吴蜀之湮灭",也就是翘足可待的事。在赋的最后,何晏因此用"总神灵之贶祐,集华夏之至欢"来赞美这个时代,用三皇五帝来歌颂"圣上",并且说在这样一个感天动地的繁荣之世,魏明帝仍然是"孜孜靡忒,求天下之所以自悟,招忠正之士,开公直之路,想周公之昔戒,慕咎繇之典谟,除无用之官,省生事之故,绝流遁之繁礼,反民情于太素",他的伟大,当然是为周、夏时代的君王所不及。

《景福殿赋》被收入昭明太子编的《文选》,又被刘勰称赞为后学的范本，表明它在二百年后的南朝仍有相当地位，然而《三国志》却不曾提到，陈寿在记述夏侯惠、韦诞"著文赋，颇传于世"时，也没有提到他们写过同题的作品。在当时，据卫觊说，大臣们"皆争顺指而避逆意"，难得有人肯"破家为国，杀身成君""犯颜色，触忌讳，建一言，开一说"，相反，倒有不少人专门说些"悦耳"的话，"言政治则比陛下于尧舜，其言征伐则比二虏于貍鼠"。这些专门取悦魏明帝的人，高堂隆骂他们是"说秦汉之奢靡以荡圣心"的"小人"。也许"小人"的言论大同小异，也不足取，陈寿都没有记录，反而是在《刘劭传》里，他提到魏明帝下令刘劭写《许都赋》《洛都赋》，"时外兴军旅，内营宫室，劭作二赋，皆讽谏焉"。"皆讽谏焉"，就是说不像何晏的《景福殿赋》，只是一味地歌功颂德。

魏明帝还让自家亲戚卞兰与反对派高堂隆辩论。卞兰与何晏一样，是魏明帝的有力支持者，他在景福殿建成后写过一篇《许昌宫赋》，里面有"入南端以北眺，望景福之嵯峨"一类的描写，他又说住在许昌宫里，可以让人有"论稽古、反流俗，退虚伪、进敦朴，宝贤良、贱珠玉"的理性，于良好的政治伦理和社会风俗的建设大有裨益。

何晏、卞兰等几位支持者都是宫廷文士，都能揣摩"今圣"的心意，不过在魏明帝时代，他们尚不成气候。据说魏明帝本人颇能"持法"，对文士们善于合党连群以邀名誉的作风相当警惕，诏令也称"选举莫取有名，名如画地作饼，不可啖也"，把所谓"名"看得很透。所以，就算写出取悦魏明帝的《景福殿赋》，何晏在这时候也还没能一步登天。

七

在《景福殿赋》里，何晏写到永宁、安昌、临圃、百子这几处居室，都是"后宫攸处"，也就是妃嫔们住的地方。之所以布置这些房间，他说是为了安顿"窈窕淑女"，使她们能够在一个好的环境里生活、修养，为曹魏家族的子孙繁衍、江山永续做准备，所谓"其祜伊何，宜尔子孙"。

这里就牵涉到一个困扰魏明帝至深的问题，便是他子嗣不旺，不知为什么，小皇子生一个死一个。根据陈寿的记载，他在黄初七年、太和三年、太和六年连失爱子，这在当时是很大的事情，不但他自己焦虑，朝臣们也都跟着紧张，心惊胆战，嘀嘀咕咕。所以，当小皇子曹殷出生大约一百天时，夏侯玄便写赋祝贺，讲了些"良辰既启，皇子诞生"的吉利话。而在《景福殿赋》里，何晏也是强调为嫔妃们修的这些住屋，都负有使曹魏"永锡难老，兆民赖止"的使命。

与何晏、夏侯玄这种紧张的心态不同，据陈寿说，王肃的父亲王朗很早就向魏明帝讲过"百斯男之本，诚在于一意，不但在于务广"的道理。"百斯男"的典故，出于《诗经·小雅·思齐》的"大姒嗣徽音，则百斯男"，说的是文王之妻大姒生养有一百个男孩。王朗是劝魏明帝对于自己这个年龄段的生育能力，要有所估量、有所节制，不要盲目地纳许多妃嫔。他还提醒魏明帝，养育婴儿也不能过于保护，被子衣服太暖和，会让孩子变得不能适应气温变化，更容易生病，不如让他从小单薄一点，培养自身的抵抗力，以其"金石之性"，得以寿比南山。直到魏明帝在世的最后两三年，蒋济都还在上疏建议他遣散那些年幼的和来不及临幸的后宫妃嫔，说"大简贤妙，足以充百斯男者，其冗散未齿，且悉分出"。这与高柔劝他少修殿舍、妙简淑媛，专心地"育精养神"，讲的是同一个道理。

陈寿在《高柔传》里，写到魏明帝时，"大兴殿舍，百姓劳役，广采众女，充盈后宫。后宫皇子连夭，继嗣未育"，高柔看不过去，上疏劝谏，而魏明帝见他忠心为王室，也并不以为忤。据《明帝纪》可知，实际上在太和三年，魏明帝已经就"王后无嗣，择建支子以继大宗"发过诏令，正如《资治通鉴》胡三省注所说，他心里头早早明白自己不会生儿子，日后势必要走过继这一条路。景初三年（239）他病重时，立养子齐王芳（字兰卿）为太子，他一死，年方八岁的齐王芳继位，大将军曹爽与太尉司马懿辅政。陈寿一笔笔记下这一切，联系到一起，似乎就是为了印证他在《魏志·三少帝纪》中写下的历史评断，他说没有亲生子可传位的魏明帝，是犯了不能够唯贤是与的大错，"情系私爱，抚养婴孩，传以大器，托付不专"，因而导致曹爽被杀，曹芳也被废为齐王，随后继任的文帝之孙曹髦"轻躁忿肆，自蹈大祸"，也在短短七年后被杀，等到武帝之孙曹奂继任时，只剩下"揖让而禅"一途，只得乖乖地"作宾于晋"。

在魏国历史上，魏明帝是一个关键性的人物。在陈寿看来,明明处在汉文帝、汉景帝一样的时代,却急于一逞汉武帝式的梦想,这种错觉,固然为曹氏败于司马氏之手的祸根,但未能选出恰当的继承人,仍是这一历史性失败的直接导火线。

而何晏正是生活在这一转折时期的文士,他虽然也吐过"大梦谁先觉"一类的狂言,自诩"唯神也,不疾而速,不行而至",把自己比作洞察力非凡、能够"朗然玄昭,鉴于未形"的圣人,亦曾写有"鸿鹄比翼游,群飞戏太清。常恐夭网罗,忧祸一旦并"的《言志诗》,表示他自负但是并非没有自觉、自我反省。可是不知为什么,就是这样一个于学问无所不通而又从曹操时代走过来的人,在繁盛与危机并存的时刻,仍然选择加入盈耳颂声,高唱"六合元亨,九有雍熙,家怀克让之风,人咏康哉之诗"的时代赞歌?

度过他以为能够一展宏愿,实际上是战战兢兢的正始十年,他随曹爽被杀,魏晋禅代的序幕也从此拉开。

第六讲 华佗无奈小虫何
——《魏志·华佗传》

一

"华佗无奈小虫何",是毛泽东两首七律诗《送瘟神》中的一句。那是一九五八年,江西等地宣告消灭了流行的血吸虫病,毛泽东写诗祝贺,这句诗讲的是在过去,就是起华佗于地下,也对血吸虫病无奈。为什么说到华佗,因为他是家喻户晓的神医。作为中国传统医学的老祖宗,神医的光环加在他头上,起码已经有一千多年。唐代行医之人所要必读的《经方小品》里,就有这样一段话,讲传统医学的起源:"神农使于草石,黄帝施于针灸,扁鹊彻见脏腑,华佗刳割肠胃,所为各异,而治病则同。"这里的神农、黄帝,都是古史传说中的人物。扁鹊,据传也是轩辕时代的良医,司马迁《史记》写一个春秋时代的医生,名叫秦越人,行医时却用"扁鹊"这个名字,大概就是要借力于扁鹊的神性。在山东曲阜收藏的东汉画像砖上,有一个"扁鹊施针图",那上面的扁鹊,也是被雕刻成人首鸟身、半神半人的样子。这样算下来,只有华佗,是见诸史籍的实实在在的一个人。

华佗生活在东汉时期,最早把他的事迹记录下来的,有人说是与他弟子相熟的某个人,这人写过一篇《华佗别传》,这篇别传,迄今仍有一部分保留在《三国志》的裴松之注以及《后汉书》李贤等人的注里。而在隔了半个多世纪以后,陈寿撰写《三国志》,又把他正式地写进《魏志·方技传》,这样,就有了现存第一篇完整的华佗传记。

在《方技传》中,陈寿一共写到五个人,一个是华佗,另外四人,分别是知声乐的杜夔、懂相术的朱建平、会占梦的周宣、善卜筮的管辂。这五个人,如果按照现代的学科划分,勉勉强强可以归入科技类,而在陈寿看来,他们都掌握的是"玄妙之殊巧,非常之绝技"。比陈寿更早,一世纪的史家班固在《汉书·艺文志》中,解释"方技",就是"生生之具",是与人的生命相关。由此可见,称华佗为医学家、科学家,不光是现代人,也是他同时代人的看法。

二

华佗,一名旉,字元化。祖籍沛国谯县(今安徽省亳州市),与曹操同乡,游学、行医的范围,则在离家乡不远的徐州(今山东省南部、江苏省北部)。他年轻时,对自己的医术颇为自负,因此,拒绝过沛相陈珪的举孝廉,也拒绝过太尉黄琬的征召,一心一意只靠自己的医术吃饭。这些经历,在陈寿的《华佗传》里都写得清清楚楚。

《华佗传》还写到华佗"兼通数经",这个"经",当然指的是儒家经典。但问题也就在这里,整篇传记,竟不见一个字提到华佗的医术所从何来。要说传统史书,往往是以政治史的讲述为中心，而没有交代医生的知识与技能来源的惯例，好像也不是。在司马迁的《史记·扁鹊仓公列传》里，就写有长桑君传禁方给扁鹊，也写有仓公随阳庆学医三年，而陈寿的《华佗传》本身，也记载着华佗的两名弟子吴普、樊阿，是如何"从佗学"。可见，陈寿也不是有意要略过师承关系这一节。

那么，华佗的老师是谁？这位神医又怎么能凭空出世？在稍后的医学史谱系中，倒是有华佗继承扁鹊（秦越人）的说法，譬如唐代的王勃为《黄帝八十一难经》作序，就提到该经是由岐伯传黄帝，黄帝传伊尹，而后到秦越人，再"历九师以授华佗"。在这个系谱里面，华佗是扁鹊的几百年后的隔代传人，不过，这还是没能解决直接指导他的老师是谁的问题。陈寿在这一点上的语焉不详，留下疑点重重，于是给人以无限遐想的空间。

助成后人无限遐想的，还有陈寿写到的华佗让病人喝下麻沸散，便能够施行手术的情节，这一情节，让熟悉现代外科手术的人尤其感到匪夷所思。因此，在一九一七年出版的《外科医镜》一书中，有一篇谌耀斋写的序，《序》里就谈到华佗的医术，可能"得自西方"。他有什么根据呢？根据是，华佗为汉献帝时代的人，非常凑巧，欧洲的解剖学鼻祖、希腊人加林（Galen，又译作盖伦）就在汉献帝三年去世，而加林到埃及的亚历山大城也就是世界上最早的解剖学馆去学习解剖，还是在汉献帝之前的顺帝时代。换句话说，在华佗行医的年代，加林已经从亚历山大城学到了解剖术，这是千真万确的事实。所以，尽管没有确切资料说明华佗做手术的本领，是从哪里学到，但是加林与华佗曾处在同一时空，这一点，并非简单的巧合，华佗"若非西学灌输，焉能具此绝技"？

一九三〇年，陈寅恪发表《三国志曹冲华佗传与佛教故事》的论文，在这篇论文里，他又说陈寿写华佗最后被曹操杀掉，这个结果，应该是取材于"医暴君病，几为所杀，赖佛成神，仅而得免"的印度故事。

到了一九三五年，夏以煌再发表一篇《华佗医术传自外国考》的文章，进一步确认华佗的医术是自西而来，经过了从埃及到印度、从印度到中国、再到华佗之手的路线。他说：华佗的"佗"字，亦可写为佛陀的"陀"，华佗一名旉，"旉"也与佛陀的"佛"谐声；华佗的两个弟子吴普、樊阿，与释迦牟尼的两个徒弟普贤菩萨、阿难菩萨，名字又相谐；华佗编创的五禽戏，来自达摩的少林拳术，他用的麻沸散，也就是印度大麻。这一切，点点滴滴，都显示"华佗医术之受印度人熏陶"，并非是不可能的事。

需要说明的是，认为华佗的医术乃是从西方传来的这些人，他们的出发点，大多是不愿意把传统的中国医学看成"国粹"，因此讲到传统医学的这位老祖宗，更乐于把他塑造为一个完全不排斥西方医学的开明、开通的医生形象。单就纯粹学术而言，他们的说法，存在很大漏洞，还是想象大于史实的论证，因而今天一般讲医学史的人，并不那么轻易接受。台湾年轻的医学史学者李建民就针对陈寅恪的说法，提出不同的意见，他认为：第一，曹操本嗜杀之人；第二，在敦煌的唐写本《搜神记》里，记载有"善好良医，能回丧车，起死人"的俞附故事。俞附是黄帝时代的人，他之后有扁鹊，扁鹊之后，便是"汉末，开肠腴，洗五脏，劈脑出虫，乃为魏武帝所杀"的华佗。俞附已能断肠破腹，则知华佗的医术源于华夏，已经很清楚，完全没必要去"比附印度神医故事"。

三

司马迁说，扁鹊吃了长桑君给他的神药，便有穿墙视人的神功，看到人五脏的症结，然而，在《华佗传》里，却看不到华佗受神人的这般指点，那么，他又如何证明自己确实医术超群？值得注意的是，陈寿一开始就交代了两点：第一，就是华佗自己非常健康，"时人以为年且百岁，而貌有壮容"。后来，范晔根据陈寿的《华佗传》，在《后汉书》里也写过一篇《华佗传》，他还特别加上一句"时人以为仙"。长寿而不留岁月的痕迹，貌如神仙，显然是行医之人的一块"硬招牌"。第二，是华佗给人治病，能"汤药攻其内，针灸攻其外"，功夫全面，手法利索，也有效果。

传统医学分本草、针灸两大块，按照陈寿的描述，华佗两方面都擅长。他说华佗用药很灵，配方有准头，病人服他的汤剂，往往药到病除。这一条，从华佗的弟子吴普能够编写出《本草》一书，也可以推想得到。他又说华佗的针灸技术也很好，穴位拿捏得一丝不差，取穴少，不留针，灸不过七八壮（一灼为一壮），针不过一二处。他说华佗每次扎针前，都会与病人沟通："当引某许，若至，语人。"写得相当传神。据说这样有益于行气，这个办法到今天也都还在使用。华佗的时代，针灸已相当流行，现在，仍可看到河北满城汉墓里的西汉金银针，还可看到四川绵阳出土的汉代针灸木人。而在陈寿撰写《三国志》的时代，中国的确又有了第一部专门讲针灸的著作，就是皇甫谧的《针灸甲乙经》。这本讲针灸的书，后来还流传到了朝鲜、日本。不知是不是因为华佗的针灸术确实高明，后世所传有关针灸的著作，也还有一些如《华佗观形察色并三部脉经》《华佗枕中刺灸经》等，就是托名华佗。

一旦遇到针药所不能及、有些"结积在内"的病患，需要动刀子"刳割"，陈寿说，华佗便会让病人"饮其麻沸散，须臾，便如醉死，无所知，因破取。病若在肠中，便断肠湔洗，缝腹膏摩，四五日差，不痛"。陈寿写这一段，从病人喝下麻沸散，很快沉沉入睡像死了一样，不知疼痛，医生便在这时开刀剖腹，如果病在肠子，就截肠用药，到最后缝合刀口、涂抹膏药，步骤清楚，如在目前。然而，就是文字上看不出破绽的这一段描写，恰恰引起很多人质疑，因为按照现代人的经验，要做一个比较大型的外科手术，首先，最不可缺少的就是麻药，但陈寿写到的华佗制作的"麻沸散"，它的成分是什么，并不清楚。后人根据经验和常识，曾作出种种推测，有人说可能是押不芦草，有人说可能是曼陀罗或通仙散，在清人所编的《华佗神医秘传》里，还说是羊踯躅、茉莉花根、当归和菖蒲的合成，现在又有人提出是乌头、附子、椒一类，众说纷纭，难以确定。在后来范晔的《华佗传》里，又说麻沸散要"以酒服"，用酒送下肚去，那么，是酒使人麻痹无知觉，因而产生止痛的效果，还是麻沸散本身就有麻醉的功效，便更说不清了。除此之外，术后缝合也是一个大问题，华佗用的材料是什么，是不是如有人推测的，用的是涂有热的鸡血的桑皮细线？还有术后消毒的问题，所谓"膏摩"，膏是什么膏，是不是虎骨膏？这些医疗手术上的大关节，仔细追究的话，都成不解之谜。

一般人都知道华佗曾为关公刮骨疗毒，这是小说《三国演义》中一段很精彩的故事。它在《三国志·关羽传》里，原来记作："羽尝为流矢所中，贯其左臂，后创虽愈，每至阴雨，骨常疼痛，医曰：'矢镞有毒，毒入于骨，当破臂作创，刮骨去毒，然后此患乃除耳。'羽便伸臂令医劈之。时羽适请诸将饮食相对，臂血流离，盈于盘器，而羽割炙引酒，言笑自若。"陈寿写关羽一面与将官饮酒，一面让医生当众在他手臂上刮骨去毒，谈笑风生，极其豪迈。但此事发生的时间，是在建安二十四年（219），距离华佗之死，已经有十多年，为关公刮骨的医生，自然不可能是华佗，最多为华佗弟子。《三国演义》为了增添戏剧性的效果，移花接木，把无名医生换成了有名的华佗。

还有一个流传很广的故事，说的是华佗为司马师做过眼睛手术。这个故事，大概从《晋书·景帝纪》的"初，帝目有瘤疾，使医割之"这样一个记载而来，当然也是掺进很多想象。因为司马师出生的时候，华佗已经不在世上，所以这一传说，也不能当信史来看。

除了外科手术这一条，现代人有所质疑之外，《华佗传》里，陈寿描写的华佗救死扶伤、医术高妙，的确令人称赞。而这样一个神医的名望，在陈寿看来，又并非因为医术神授，主要是靠着华佗自身的健康，靠他所掌握的本草、针灸、手术这一整套诊疗手段及疗效，是在这两方面的基础上建立起来的。

四

陈寿讲华佗的医术高明，并不停留在泛泛的或是抽象的赞美上，他记载有很多华佗接诊的医案，这些医案，在《华佗传》里占据了绝大部分篇幅，可以说它们是有关一个医生最重要的记录。陈寿一一写下华佗看过的病人，他们的姓名、职业、病因、病性、诊断、治疗和愈后等，就像司马迁曾经在《史记·扁鹊仓公列传》里做过的，写下扁鹊、仓公的好多医案。

看陈寿写下的这些医案，不得不说华佗是一位全科医生，内外妇儿、方剂诊疗、针灸手术，面面俱到，无所不包。为了叙述的方便，我把这些医案做了初步的整理，简单归纳为：

〈一〉 产科二例：

1. 甘陵相夫人怀孕至六个月，忽然肚疼，华佗为她把脉，发现胎死腹中。他说根据胎儿在腹中的位置，还可以知道是男是女,男左女右。有人摸到"在左"。夫人吃药打胎,生下死婴,果然是男。

2. 李将军的妻子病重,经华佗诊断,原来是胎死腹中。李将军不信,说妻子难产不假,可孩子已经生下来了。华佗告诉他:夫人怀的是双胞胎,大儿出生时,夫人大出血,大家忙着救人,没注意到还有小儿没出来,不曾助产,致使胎死腹中。华佗给开了药、扎了针,夫人便产下一个死男婴,手足完备。

〈二〉 儿科一例:

陈叔山有一个两岁的小儿生病,每次痢疾都会哭闹,人也瘦弱不堪,去问华佗,华佗说:母亲怀他时,他靠着母亲体内的阳气长大,母亲哺乳时,他又受了母亲的寒气,所以老是不好。华佗给开了治痢疾的女菀丸,十天后便治好了小孩的病。

〈三〉 内外科,分两类:

A. 经诊断而判定死期的,共六例:

1. 县吏尹世患病,说是四肢乏力、口干,小便不畅,怕听到人的声音。华佗叫他回家吃热食,出汗呢,表示没事,不出汗,三天后会死。县吏照办而不出汗,华佗说:这说明你脏气已绝,将要涕泣而死。果如其言。

2. 严昕与一众人来看华佗,华佗问严昕哪里不舒服,严昕自己还没感觉。华佗就警告他:你脸上挂着急病的相,千万不要多饮酒。这群人返回途中,严昕突然头晕目眩跌下车来,结果车刚到家,人就死了。

3. 督邮顿子献大病初愈，请华佗把脉，华佗嘱咐他：体虚不堪多劳，行房事必死，死而吐舌数寸。督邮的妻子赶了一百多里地来探望，晚上两人忍不住在一起，这位丈夫便在三天后发了病。

4. 军吏梅平生病回家，路上遇见华佗，华佗对他说：你要是早遇到我就好了，现在你的病已无法医治，不如速速归家，还来得及与亲人见面，离死期只有五天。结果被华佗言中。

5. 华佗去为督邮徐毅看病，徐毅说：昨天让医曹吏扎针，扎完后便咳个不停，人疲倦不堪，却睡不着。华佗告诉他：是扎错了穴位，恐怕你会一天比一天饭量减少，五天后就是死期。结果也应验了。

6. 有一士大夫身体不佳，经华佗诊断，已是病重，需要剖腹，可是华佗又认为他的寿命大概只有十年，十年内病不至于死，所以不如忍一忍，等待自然死亡，也好免受一刀。但这士大夫不愿忍耐，硬是让华佗为他做手术。病是暂时治好了，不过十年后，仍是一死。

B. 经过诊断、治疗而最终痊愈的，共四例：

1. 府吏儿（倪）寻、李延住在一起，得同样的病，都是头痛发热的伤寒，一样难受，华佗却说儿寻需要通导，李延需要发汗，因为一个"内实"，一个"外实"，所以治疗方案不同。两人拿了不同的药回去，第二天便都痊愈。

2. 华佗在路上看见一个人咽喉堵塞，咽不下东西，就叫他到路边卖面食的店家，去买三升醋泡蒜茸喝下去，这人喝完后，吐出一条蛇形的寄生虫（蛔虫），拿着去找华佗。华佗的小儿子看见他挂在车旁的东西，认得是父亲的病人。病人跟随着到了华佗的家，一看，墙上所挂同样的小蛇，已有大概十来条。

3. 彭城夫人夜间在厕所被一种叫做虿的毒蝎子蜇了手，痛得大呼小叫。华佗让她把手浸泡在温热的汤药里，到天亮就好了。

4. 广陵太守陈登脸红胸闷，吃不下饭，华佗给他把脉，发现他生鲜食物吃得太多，寄生虫在体内引起腑脏溃疡，于是便给他开了二升药，让喝下去，结果吐出三升多寄生虫，还有好多鱼脍，病也因此好了。但是华佗又预言三年后，此病还将发作。果不其然，陈登再发病时，正好华佗不在，就死了。

〈四〉 精神科一例：

有一个郡守病了，华佗认为只要把他激怒，使他大发雷霆，病自然会好，便收了钱而不加治疗，还留下一封骂人的信，不辞而别。郡守气急败坏，派人去追杀华佗，郡守的儿子当然了解内情，按下不让去追，郡守暴怒之下，吐黑血数升，病也痊愈。

以上十四个医案，从最后的结果看，其中内外科六例属于无法治愈，而另外的内外科四例、精神科一例、妇产儿科三例，属于治疗而有成效，不过广陵太守陈登最终还是死亡，因此经华佗诊治的病人，他们的生死之比，是七比七，刚好一半对一半。

除了这十四个医案，陈寿还写到华佗的另外两个病人，一个是曹操，一个是军吏李成。曹操与华佗之间的恩怨是非，留待下面去讲，反正是华佗没能根治曹操的病。李成的咳嗽病，本来也没什么，华佗让他服药、休息，预计一年恢复，到十八年后再发病，再服药，也能无大碍。谁知李成遵医嘱，顺顺当当过了五六年，把药也都借给了别人，然而十八年后旧病复发时，华佗已不在世，他也就无药可医而死。

加上这两例，陈寿记录的医案便有十六例，其中经华佗治疗而痊愈的，实际是七例，但让华佗束手无策或无法根治的，却有九例。这么简简单单地一统计，就知道即便是在陈寿的叙述当中，华佗的治愈率，也是勉勉强强达五成。

那么，这样的医疗记录说明了什么？说明华佗的医术不精，果然像毛泽东的七律诗所写"华佗无奈小虫何"？可是看陈寿的讲述，似乎又没有这层意思。这件事，我自己琢磨了很久，得出的结论，是在看待医生的权威性上面，古人的态度，也许和我们有所不同。

医生在古代，曾经与巫有密切的关系。《论语·子路》篇引孔子的话说："南人有言曰'人而无恒，不可以作巫医'。"这里就是巫、医不分的。巫主要是算卦、祝祷，也替人看病，同医没有那么大的分别，反过来，医身上兼有巫的特质，也就不奇怪了。商代甲骨文里有现存最早的医案，其中一个写着："戊贞。王占曰：兹鬼魅。五旬又一日庚申丧命。乙巳卜，贞斤其有疾，惟丙不庚。二旬又七日庚申丧命。"据说这份卜辞的大意是：商王在斤病魔缠身的戊时，为他占卜，得到预言说五十一天后丧命。乙巳时再卜，说即使丙日不死，也逃不过庚日，果然到了二十七天后的庚申日，斤就死了。这一段占卜的文字，已经反映早期的医案，最关心的就是对于病人死期的推算，而不是有什么施救的措施。

再来看《左传》的记载。这部春秋时代的史书，写到过公元前六百年两位秦国著名的医生缓与和。缓被邀去给晋景公看病，实际头一天晚上，景公已梦到自己的病在肓之上、膏之下，也就是心脏和膈中间的位置，第二天，他听了缓的诊断，说病确是在膏肓之间，并且"攻之不可，达之不及，药不至焉"，灸、针、药都用不上，已经不治，便赞叹缓是位好医生。和去给晋侯看病，指出晋侯"近室女，疾如蛊"，病得也没办法治了，他也被晋侯称赞为好医生。《左传》写缓、和两位医生，都只是看到病人的症状和病因，认为没办法治疗，就被授予"良医"的称号，表现出在古人或者说是在左丘明这样的史家心中，所谓"良医"，指的就是能够作出正确诊断的医生。

因此，司马迁在《史记》里写道：当扁鹊（秦越人）为赵简子和虢太子作出准确的诊断后，"天下尽以扁鹊为能生死人"，也就是有救命的大本事，不料扁鹊却回答：不是我能够起死回生，是他们本来有生命力，我不过使这生命力得到恢复而已。司马迁还写道：仓公（淳于意）也曾表示，自己是在跟着阳庆读了一些医方后，才掌握了"诊病决死生"的本领。汉文帝有一次问他："诊病决死生，能全无失乎？"他回答说：我是先切脉，再决定如何治疗的，要知道"败逆者不可治，其顺者乃治之"，倘若不了解病人的死生大限在哪儿，当然免不了经常失手。

诊病决死生，这就是司马迁以及他代表的那个时代的古人对于医生权威性的定义吧。好的医生，不一定是要起死回生，而是能够看到生死门限，并在这一基础上提供预防及救助的办法，让人安然尽享自己生命的饱满和力量，这大概也就是陈寿的意见，是他对神医华佗的一个评价。

五

华佗的有名，说起来与曹操是他的病人不无关系。

曹操患有头风病，发起病来，心乱目眩，便要华佗来给他扎针。所谓"头风病"，有人认为就是今天说的习惯性头痛，也有人认为是高血压，总之是个慢性病，需要长期的治疗和护理。曹操的遗令中也有与此相关的安排："吾有头病，自先着帻，吾死之后，持大服如存时，勿遗。"意思是当他死后下葬，要先给他在脑袋上捂个头巾。因为是顽疾，华佗便被召来做了御医。

曹操看重华佗，是由于他自己也懂一点医药和养生，知道华佗的分量。根据李建民的分析，曹操曾说："吾夜半觉小不佳，至明日饮粥汗出，服当归汤。"就是他为了治疗自己的头痛失眠而服用当归，因为当时人都觉得当归有止痛的作用，今天我们还知道它可以防治动脉硬化与中风。曹操还有一篇《内诫令》，说："孤有逆气病，常储水卧头。以铜器盛，臭恶。"把头埋进水里，也是他对付头痛的一个办法。曹操又编有一部《魏武四时食制》，大概讲的是如何食疗。据说曹操也问过皇甫隆："闻卿年出百岁，而体力不衰，耳目聪明，颜色和悦，此盛事也。所服食施行导引，可得闻乎？若有可传，想可密示封内。"表现出他对于长寿和健康的极度渴望。在陈寿写作《三国志》的时代，很多人都知道曹操是"好养性法，亦解方药"的，也知道他敢于冒着风险吃野葛、饮鸩酒，以毒攻毒，还知道他把当时最有名的方士如左慈、华佗、甘始、郄俭等人，都召集到自己的身边。

华佗被圈在曹操身边，时间一长，极其郁闷，便声称家中有事，告假返乡。回到家里，又以妻子生病为由延期不返，任凭曹操下令再三催促、地方官遣送，全都置之不理。曹操气得要命，叫人去核查，如果他妻子确实有病，便赐小豆四十斛，宽限假期，可是如果涉嫌欺诈，就要不客气抓人。于是华佗被带到许昌，严刑逼供，不由得不招认。许昌的大名士荀彧劝曹操息怒，他说华佗医术精妙，可以救人性命。曹操正在火头上，断然拒绝："不忧，天下当无此鼠辈耶！"竟将华佗拷打致死。

陈寿讲华佗的心理，说他的人生，本来是以做士人为目标的，可是不知不觉走上行医的道路，因而他的内心是时常愧悔的，所以一旦寻机离开曹操，就再也不想回去，不愿再过受制于人的生活。而曹操的心理呢，却一边是极度需要华佗的医护，一边又对他缺少起码的尊重，故而能脱口说出"天下当无此鼠辈耶"这样轻蔑的话来，并且怀疑华佗本来就是个无赖小人，专门利用自己的病来行要挟，在处死华佗之后，他依然愤愤不平地说："佗能愈此。小人养吾病，欲以自重，然吾不杀此子，亦终当不为我断此根原耳。"一直要到后来，他钟爱的儿子曹冲患病，才不免一丝悔悟："吾悔杀华佗，令此儿强死也。"

华佗与曹操的冲突，在陈寿笔下，因为有人物心理和对话的描写，显得格外生动，是《华佗传》全篇的亮点。为什么说华佗"本作士人，以医见业，意常自悔"呢？这就要回到陈寿对方技的看法上来。陈寿对方技，谈不上鄙视，不过视之为小道，却也很明显。在《吴志·吴范刘惇赵达传》的最后，他对吴范、刘惇、赵达三位术士有一个评语，说他们"各于其术精矣，其用思妙矣，然君子等役心神，宜于大者远者，是以有识之士，舍彼而取此也"，说白了，就是认为方技术数还不算"君子"或"有识之士"追求的"大者远者"。所以，他在《华佗传》的一开始，写华佗熟悉儒家经典，有过举孝廉和招辟的经历，留下这些伏笔，都是为了证明华佗虽以行医为业，但骨子里却是一个堂堂正正的士人，有一颗士人般远大的心。同时，这种士人的情怀，也使华佗在行医过程中，始终没有放弃自由的信念、独立的人格。

司马迁写到扁鹊之死，说是由于"秦太医令李醯自知伎不如扁鹊"，便派了人去刺杀扁鹊。他还写到仓公曾经被判刑，递解长安，最后是小女儿缇萦"入身为官婢"，才救了父亲。太史公因此感慨说道："女无美恶，居宫见妒；士无贤不肖，入朝见疑。故扁鹊以其伎见殃，仓公乃匿迹自隐而当刑。缇萦通尺牍，父得以后宁。故《老子》曰'美好者不祥之器'，岂谓扁鹊等邪？若仓公者，可谓近之矣。"意思是扁鹊、仓公都技艺超群，而按照老子"美好的都是不祥的"理论，技艺超群便是祸端。如果依照司马迁的判断，那么华佗的死，一定也是由于他怀揣绝技，而令曹操产生一种无法控制的恐惧。陈寿说，司马迁过去替扁鹊、仓公写传记，是为了"广异闻而表奇事也"，他仿照着也写了一篇《华佗传》，对于华佗的死，因此很难说他不曾受到过司马迁的启发。

可以拿来做对照的，是范晔的《华佗传》。范晔写到曹操杀华佗这一段，不仅删掉了很多精彩的对话，只剩下一些平铺直叙，又插进如华佗"为人性恶，难得意"之类的评语，似乎华佗生性难以合作，进一步推论的话，连他的被杀，也好像要算是咎由自取。这样的叙述，与陈寿的《华佗传》相比，不知少了多少对于传主的同情与敬意。

《三国志》成书之始，便得到过"文艳不若（司马）相如，而质直过之"的评价，所谓"质直"，是不是也可以理解为史家的质朴和正直呢？华佗与曹操，一个是医生，一个是病人，依照我们普通人的常识，应该是医生掌握着病人的生死。然而，如果医生而有士人的情结，病人却是专制的君主，那么，谁又会变成谁命运的最终主宰呢？我想，不要说"华佗无奈小虫何"，华佗当然也无奈曹操何，因为他自己的命运，实际上是被攥在曹操手心里的。

第七讲　东临碣石观沧海
——《魏志·乌丸传》

一

三国时打仗,骑兵很重要,曹操讲到过他与袁绍曾经兵力悬殊,说:"袁本初铠万领,吾大铠二十领;本初马铠三百具,吾不能有十具。"意思是袁绍披有铠甲的士兵和战骑,是他的成千上百倍。因此他顾惜马匹,有过不许鼓吹骑马、"为战士爱马也"的禁令。官渡之战中,得到钟繇送的两千多匹马,他下令衔枚缚马口,神不知鬼不觉直捣乌巢,与袁绍一战而决胜负,事后写信给钟繇,最感谢的也是他赠马救急:"得所送马,甚应其急。关右平定,朝廷无西顾之忧,足下之勋也。"后来魏明帝用马与孙权交换南方特产的珠玑、翡翠、玳瑁,孙权说的也是:"此皆孤所不用,而可得马,何苦而不听其交易?"

不过草原才是马的故乡,战马、骑兵,都与欧亚草原的游牧民族联系在一起,而非以农耕为主的中国所产。"神马当从西北来",这是汉代人已有的观念,他们把西北乌孙的马叫"西极",把中亚大宛的马叫"天马"。乌孙王以千余匹马,就可换取汉朝的王室之女为右夫人,汉武帝不惜派遣将军李广利远征,据说也是为了大宛日行千里的"汗血马"。对曹操来说,要增加骑兵的兵力,也不外乎这一途径。

建安十二年(207),曹操北征乌丸。乌丸就是北方游牧民族,他们擅长冲突军阵,在汉代早有"突骑"之名。汉光武帝有一次观战,曾叹为观止地表扬他们:"吾闻突骑天下精兵,今乃见其战,乐可言邪!"(《后汉书·景丹传》)东汉晚期最有名的一个学者蔡邕也称赞过幽州突骑和冀州强弩,都是"天下精兵,国家赡仗"(《幽冀二州刺史久缺疏》)。在汉末烽火四起的疆场上,到处可以见到乌丸士兵奔驰的身影:南匈奴反叛,张耽要用幽州乌丸前往征讨。凉州兵乱,张温要派三千幽州乌丸突骑去平叛。刘备领平原相,手下千余兵,其中也有些幽州乌丸杂胡骑。

曹操北征取胜,俘获的是辽西、上谷、右北平也就是今天河北东北和辽宁西南一带的"三郡乌丸"。蜀人张松听到这个消息,即断言曹操必将"兵强无敌于天下"。果不出其所料,翌年九月,曹操从襄阳追击刘备,"将精骑五千急追",一天一夜三百余里,赶到当阳长坂坡,吓得刘备抛妻弃子,与诸葛亮、张飞等夺命而逃(《蜀志·后主传》)。到年底赤壁之战前夕,孙吴的周瑜分析敌我形势,就认为"舍鞍马,仗舟楫,与吴越争衡,本非中国所长",现在是冬季,"马无槁草",曹操带领的中国士兵水土不服,也会生病,故可一战。从另一面说明曹操拥有的鞍马今非昔比,只要不是在南方,就远胜舟船,已是尽人皆知的事实。

如陈寿在《魏志·乌丸传》中所说,三郡乌丸因此也就成了"天下名骑"。

二

乌丸,又写作"乌桓",现存的西汉"汉保塞乌桓率众长"印和"魏乌丸率善仟长印",证明这两个字通用。不过《三国志》以前,"乌丸"在文献里出现得并不算多,《史记》《汉书》中偶尔提到"乌桓",更多时称"东胡"。胡,是周秦以来对西北游牧民族的统称,《战国策》里有赵武灵王教民"胡服骑射"的故事,所谓"胡服",就是便于骑马的衣裤。而汉代称"胡人",常常是指匈奴,"东胡"则是匈奴以东的游牧民族,也就是乌丸和鲜卑。根据一般的说法,汉代初年,东胡遭匈奴灭国,剩下的部众,一支迁往乌丸山,一支迁往鲜卑山。这两个地方都在今日内蒙古,两支人马都是因地得名。

可是在历史记忆中,这一带过去最强悍的是匈奴人。匈奴大单于冒顿(约公元前209—公元前174年在位)抓捕韩王信、围困汉高帝于平城、写信向吕后求婚,几件事情,在汉家不知多少代人心中留下伤痕累累。当冒顿死去一百多年,扬雄(公元前53—18)提及这些往事,仍心有余悸地视匈奴为"中国之坚敌",并强调"北狄不服,中国未得高枕安寝"。而在《汉书》作者班固(32—92)看来,即便有汉武帝时卫青、霍去病的深入北伐,双方也不过是打了个平手,"兵连祸结三十余年,中国疲耗,匈奴亦创艾"(《汉书·匈奴传下》)。直到三国后期,邓艾上书,还念念不忘

"周宣有猃狁之寇，汉祖有平城之围"，是由于"戎狄兽心，不以义亲，强则侵暴，弱则内附"（《魏志·邓艾传》）。那时江南孙皓的使者在洛阳司马昭的宴席上，见有匈奴单于在座，还是心中一惊，继而叹服："匈奴边塞难羁之国，君王怀之，亲在坐席，此诚威恩远著！"

陈寿当然也记得"秦汉以来，匈奴久为边害"，他对汉武帝四面开疆拓土的评价，是其东平两越和朝鲜、西讨贰师和大宛、西南开发邛苲和夜郎，均属不急之务，这些地处偏远，本来构不成对汉王朝的威胁，唯独匈奴南下，"最逼于诸夏"，才是迫在眉睫的危险。

当匈奴强盛的时候，汉朝政府主要精力用在对付匈奴，与乌丸、鲜卑接触不多，对他们也缺乏了解。要等到大约东汉初期，匈奴内部发生分裂，北匈奴向西移动，南匈奴一部分定居华北，"保塞称藩"，至汉末建安期间，南单于留居于邺，如陈寿所说，"匈奴折节，过于汉旧"，在这时候，乌丸、鲜卑才趁势而起，变成汉朝北方新的强邻。

三

古代中国人对以中原为核心区域的华夏以外民族，称胡、称夷，在观念上有汉胡之别、华夷之辨。辨别的标准，在今天看来不免模糊，既不是过去流行的所谓"民族识别"方法，也不像现在有人采用 DNA 基因检测的办法，大体上看的一个是自我意识，一个是文明程度。譬如匈奴人，如果去看霍去病墓前"马踏匈奴"的雕像，那张匈奴人的脸，依稀是蒙古人扁平的轮廓，可是在《史记·匈奴列传》里，按照司马迁的说法，他们却是"夏后氏之苗裔"，是禹的后代、黄帝的子孙。当时不少人都相信，由于夏桀无道，遭商汤流放到北方蛮荒之地，桀的后人"避居北野，随畜移徙"，以后变成周时的猃狁、秦时的匈奴，也就是北方游牧民族。胡汉、华夷之别，在这里，更多的是恶与善、野蛮与文明的差别，它们又还是由地理空间决定的。

至于匈奴以东的乌丸、鲜卑，汉代人同他们往来不多，起初还都不大能够辨识。《史记·匈奴列传》说春秋时，"燕北有东胡""各分散居溪谷"。这个燕北的东胡，根据汉代人的解释，就是"乌丸之先，后为鲜卑"。而鲜卑的祖先，有一种传说，也讲他们是在秦始皇修长城时，逃往塞外的徒人，鲜卑人髡头（剃光头）、衣褚（深褐色衣服）、手足库肿（手脚关节较粗壮），依然是当年逃亡士兵的模样。在这样一种朦胧的认知里面，秦人、乌丸人、鲜卑人似乎还是同出一祖。《史记》又记载刘邦所封燕王卢绾逃到匈奴，匈奴叫他"东胡卢王"，卢绾的孙子他之，后来也以"东胡王"的身份投降汉景帝。这个东胡，三国时的学者如淳以为就是乌丸。倘若如淳的说法可信，那么，乌丸很早就已经是"杂胡"亦即多民族的复合体，不必要到更晚，才出现"诸方杂人来附者总谓之乌丸"的情形（参见马长寿《乌桓与鲜卑》）。

十九世纪中叶以后，有欧洲学者首先指出匈奴（Hun）是突厥人，东胡（Tungus）是散布在中国东北及西伯利亚的通古斯，通古斯人里面最大的一支是满族，还包括鄂伦春、鄂温克、赫哲、锡伯人等。梁启超、刘师培那一代的中国学者，很多对此深信不疑，如梁启超就宣布"东籍所称通古斯，即东胡之译音"（《中国历史上的民族之研究》）。而自从日本的白鸟库吉论定"东胡"为辽河上游之蒙古人的汉名，他还说"乌丸"就是蒙古语"聪明"（Ukhangan）的音译（《东胡民族考》），这以后，受他影响的人更是不少。中国学者里面，也有人说乌丸、鲜卑讲的都是蒙古语族的鲜卑语（张博泉等《东北历代疆域史》）。由于在对民族加以区分时，语言是一个极为重要的指标，又由于不管蒙古语也好，通古斯语也好，突厥语也好，都属于阿尔泰语系，所以在今天一般性的介绍中，乌丸又往往被称作阿尔泰语系或蒙古语族。

　　历史上，乌丸的活动范围主要是现在的中国境内，从文献记载来看，自汉武帝时代起，乌丸人也就逐步"内迁"，与中原民族杂居、融合。因此，现代学界大多主张，把乌丸、鲜卑、匈奴等草原游牧民族统统说成黄帝子孙、华夏苗裔，固然是"大汉族主义"的表现（参见陈序经《匈奴史稿》），这些历史上的古代民族应该有他们自己的族源，可是由于现代中国是一个多民族国家，作为一个"自在的民族实体"，它是在几千年的历史中形成（费孝通语），像乌丸这样的，就是从汉代开始已为"国内少数部族"，早就成了这一"自在的民族实体"的一部分，因此，在中国历史的书写当中，乌丸，是理所当然应该编进北方边疆少数民族史里去的。

乌丸史，便是东北古代民族史。

四

在传统"正史"里面，陈寿是第一个为乌丸、鲜卑作传的。但他也说"乌丸、鲜卑即古所谓东胡也，其习俗、前事，撰汉记者已录而载之"，他只负责记载他们在汉魏这一阶段的情况。幸运的是，与陈寿同时代的王沉在自己写的《魏书》里面，对乌丸的"习俗、前事"有所记录，这一记录恰好又保留在《三国志》的裴松之注中，与稍后范晔写的《后汉书·乌桓鲜卑传》对看，便能补充对乌丸之历史、文化的了解。

需要说明的是，这位编写《魏书》的王沉是太原晋阳（今太原市西南）人，在他家乡，早有内迁的乌丸人。他的祖父曾任匈奴中郎将，他儿子也做过都督幽州诸军事，并同鲜卑人通婚，同乌丸人也有接触。他生活在这样一个胡汉杂居之地，又有这样一个与匈奴、乌丸、鲜卑等游牧民族均有来往的家庭，他对乌丸、鲜卑的记述，因此可以相信很多出于他自己的见闻（内田吟风《乌丸、鲜卑的习俗》）。古代人关于边疆、异域的知识，大多来自文献记载，还有些是口耳相传，又有些出于想象，只是极少数有过游历、驻守边疆的经验，或者是出使、远征过异域的人，才掌握到一点实际的情况。以汉末的臧旻为例，据三国吴人谢承的《后汉书》说，他做过匈奴中郎将，回到洛阳，有人向他咨询"西域诸国土地、风俗、人物、种数"，他便能就"西域本三十六国，后分为五十五，稍散至百余国。其国大小、道里近远、人数多少、风俗燥湿、山川草木鸟兽，异物名种，不与中国同者"，一一作答，一面讲一面绘图，提供的资信，比班固的《汉书·西域传》更加翔实丰富，令人叹服（裴松之注引）。而在这一方面，王沉也自有他的优势。

根据王沉的讲述，可以知道：

第一，乌丸人"善骑射，随水草放牧，居无常处，以穹庐为宅"，平常打猎，食肉饮酪，穿戴毛皮，是典型的游牧民族。也有简单的农耕，种一些类乎黍子的"青穄"和用于酿酒的"东墙"。还有制造弓矢鞍勒、金属兵器的手工业，妇女能做皮革、织毛毯。可是，"米常仰中国"。

第二，乌丸社会的基本组织为"邑落"，邑落有小帅，非世袭，数百上千落为一"部"，部大人由勇敢健壮且善于协调的人担任。无文字，大人有令，"刻木为信"，传达到邑落。

第三，乌丸敬鬼神，祭拜天地日月星辰山川之神，人死后归于赤山。

现代学者有从王沈的描述中，判断乌丸当时处于奴隶制阶段，并有母系社会的孑遗。而据王沈说，鲜卑的"语言习俗"，也跟乌丸差不多。同时，乌丸人不筑城郭、贵少贱老、"恶种姓之失"而有收继婚，诸如此类的习惯，在《史记》《汉书》记载的匈奴身上都能看到，考古发掘亦证明乌丸和匈奴在文化上有相似之处，在辽宁西岔沟出土的西汉乌丸文物里面，据说有一些青铜饰牌上的双牛、双羊、双驼及犬马、犬鹿图案，就是受了匈奴的影响（参见林幹《东胡史》）。

因此，乌丸虽然"汉化"很早，他们对汉朝也有粮食、贸易等的实际需要，但另一方面，他们还保留着很深的北方游牧民族习性，他们的社会组织、宗教信仰、风俗礼仪，仍然与以农耕为主的汉朝迥然不同。

五

夹在北匈奴与南汉朝之间，又有鲜卑在侧，乌丸的处境自然相当微妙。

从汉廷的视角，恰如陈寿所写："《书》载'蛮夷猾夏'，《诗》称'猃狁孔炽'，久矣其为中国患也。"这是《魏志·乌丸鲜卑传》的开头。开宗明义的这几句话，很可能是模仿了班固，因为在《汉书·匈奴传赞》里，班固早已说过："《书》戒'蛮夷猾夏'，《诗》称'戎狄是膺'，《春秋》'有道守在四夷'，久矣夷狄之为患也。"他的《汉书叙传》也有过类似表达："于惟帝典，戎夷猾夏，周宣攘之，亦列风雅……"这里引《诗经》《尚书》，主要是强调"四夷"为害汉朝以及汉王朝对他们的警戒由来已久，早已刊入经典。而如果再要往前追溯的话，当司马迁写作《史记·匈奴列传》的时候，他对这一篇传记的定位已经很清楚，那就是"自三代以来，匈奴常为中国患害，欲知强弱之时，设备征讨"（《史记自序》）。所以，陈寿说他为了"备四夷之变"而写下乌丸、鲜卑等传，就是既延续了司马迁、班固以来的修史传统,也承袭了他们甚或是产生更早的"外攘夷狄"的心理。

在汉晋史家如此一而再再而三的强调之中,可以看到当时的汉朝对于北方草原游牧民族,实在有一种相当固执的内外、彼此之分,有一种"他群""我群"(李济语)或说是"他者""我者"(许倬云语)的对立观念。

根据文献记载,乌丸在汉代曾有过两次大规模的内迁,一次是在汉武帝时,霍去病打败匈奴后,将乌丸人迁至上谷、渔阳、右北平、辽东、辽西五郡边境,还有一次是在东汉光武帝时,乌丸人被迁到辽东、辽西、右北平、渔阳、广阳、上谷、代郡、雁门、太原、朔方边境十郡。随着乌丸人两次内迁的,是在今天的北京与河北万全县,汉代政府分别设置了护乌丸校尉,专门管理乌丸人,并承担侦察、监督匈奴和鲜卑的责任。针对乌丸人的这一军事设置,有人说是缘于班固父亲班彪的提倡,因为班彪曾说:乌丸"天性轻黠,好为寇贼",不以相当一级的官员去专门管制,便无法保证边境无事、国家安全。在他的意识当中,乌丸人不仅好犯事作乱、轻躁狡猾,与汉民不同,而且他们喜欢作奸犯科的性格,还是与生俱来的。

像班彪这样的看法,其实是有相当普遍性的。当时一般人也都认为,不管作为草原游牧民族的乌丸,对汉朝是归顺还是对抗,他们身上都先天的有一种异于中国民众的特殊习性。班固之兄班超出使过西域,也攻打过北匈奴,在他看来,匈奴人与中国礼仪习俗不同、饮食言语不通,根本就是

"被发左衽，人面兽心"。而如此根深蒂固的成见，在陈寿的时代也并没有消除，江统的《徙戎论》有一句名言，就叫做："非我族类，其心必异，戎狄志态，不与华同。"

但是倘若站在乌丸的立场，则可以体会到，一方面他们对汉王朝确实有所依赖，由此愿意接受汉王朝的"朝贡体制"，以奴婢和牛马、弓弩、毛皮等物资的贡献，来换取汉王朝的保护。可是另一方面，在强大的匈奴面前，他们也不得不表示臣服，随时奉献牛、马、羊等，以免遭受"过时不具，辄虏其妻子"的惩罚。这就是以小事大。

当然，以小事大的乌丸也有它的自立之道，有它的摇摆和挣扎。尽管现在很难看到这方面的记载，然而在有限的汉文资料里面，也还能隐约看见他们于夹缝中生存的状态和心情。讲两个例子。一例是在汉昭帝的时候，逐渐壮大起来的乌丸，为报汉初冒顿杀东胡王之仇，去挖匈奴单于的冢墓，引起匈奴反扑。汉大将军霍光见匈奴被乌丸攻击，趁机派范明友去打匈奴，顺势将乌丸三王斩首，收一石二鸟之利。乌丸遭此袭击，只得掉转头来，再与范明友军作战。

还有一例是在王莽时代。当时对外强硬，王莽与匈奴达成了不得接受乌丸降人的协议，同时也告诫乌丸不要再向匈奴纳税，就是说作为第三方的汉廷，强迫乌丸与匈奴解除了隶属关系。谁知匈奴表面应承，实际还是如常到乌丸收税，当乌丸抬出"天子诏条"作为抗税的挡箭牌时，他们根本不理会，将乌丸首领捆绑倒悬，当乌丸人怒杀其使者后，他们又出兵镇压，并掠走妇女儿童上千人，叱令乌丸"持马畜皮布来赎"，当乌丸人带了财物去赎，又被他们连人带物全部扣下，最后，在汉廷的再三敦促下，他们才勉强同意将人和财物归还，却又以护送乌丸人为借口，出动上万骑兵勒马塞下，表示抗议和威胁。此后不久，匈奴便与乌丸联手，"共为寇入塞，譬如中国有盗贼耳"（《汉书·匈奴传下》），而这一情形，要持续到匈奴内部发生分裂，"乌桓乘弱击破之"，汉光武帝亦不失时机采取离间手段，"以币帛赂乌丸"，使乌丸人又向汉朝诣阙朝贡，"保塞无事"。

在三方如此长期拉锯式的且战且和中，乌丸的摇摆、挣扎和自立，在汉朝人眼里，往往就表现为"困则卑顺，强则骄逆"（侯应语）、"弱则畏服，强则侵叛"（江统语）的游牧民族"难羁"的特性。

一九七一年，在内蒙古和林格尔县发现一座汉代古墓，据推测，墓主人是一名大约汉桓帝时期的使持节护乌丸校尉。墓中有很大的彩色壁画，描绘这位护乌丸校尉从繁昌出发，出居庸关，到达宁城任所，在任上起居出行、歌舞游猎的场面。壁画上的墓主人端庄老成、威风凛凛，在他身旁，除了僚属，还有弯腰行礼的乌丸人、鲜卑人，都剃着光头，穿深褐色的衣服，体态恭顺、表情温和，完全是被驯服的样子。这大概可以代表当时人对于在护乌丸校尉管辖的世界里，各民族是如何和谐相处的想象。

六

乌丸有打起仗来"如摧枯折腐"的骑兵，常使汉朝朝

和林格尔汉墓壁画

廷头痛,也常为汉朝朝廷所需。据说汉代掌管宿卫禁兵的长水校尉,手下就领有乌丸七百余骑。王莽征匈奴,也曾募集乌丸、丁零士兵,还将他们的妻子家人扣为人质。公孙瓒率幽州乌丸突骑讨韩遂,乌丸人不愿从命,以"牢禀逋悬"也就是军粮不足为由,纷纷叛逃。汉末中山太守张纯就说过这样的话:"乌桓数被征发,死亡略尽,今不堪命,皆愿作乱。"因为能打仗,往往被当炮灰。这是从另一个侧面,道出乌丸人在汉朝的艰难处境。

乌丸人虽不曾拥有匈奴式的草原帝国,也未像后来的鲜卑建立起北魏王朝,但在它昙花一现般的短暂强盛过程中,也出现过一个匈奴冒顿式的英雄人物,就是蹋顿。

蹋顿是辽西乌丸大人丘力居的侄子,丘力居死后,他先是代立大人,总摄辽东属国、辽西、右北平三郡乌丸。等到丘力居儿子楼班长大为单于,他又称王,以"武略""骁武"闻名于世,陈寿说:"边长老皆比之冒顿。"

建安初,袁绍据有河北、山西、河南的黄河以北和山东胶州半岛,得"天下六分之五",他向曹操宣布,单靠自己播名海内的声誉,即可"南据河,北阻燕、代,兼戎狄之众,南向以争天下"。他所谓"兼戎狄之众",指的就是有统合乌丸、匈奴等游牧民族的办法。

当此时,三郡乌丸在幽州"略有汉民合十余万户",兵强马壮,势力也达至顶峰。袁绍凭借他与南匈奴交往的经验,假汉献帝之名,先封乌丸三王蹋顿、苏仆延、乌延为单于,"皆安车、华盖、羽旄、黄屋、左纛",给以最隆重的待遇,又派汉人女性与他们通婚,以取得三郡乌丸的全力支持。在这三郡乌丸中,数辽西的蹋顿最强,袁绍对蹋顿也就格外重视,并在蹋顿的协助下,击败公孙瓒。公孙瓒与袁绍的策略刚好相反,他主张"胡夷难御,当因不宾而讨之",态度强硬、手法粗糙,很容易刺激出乌丸等游牧民族的对立情绪,因而在讨伐他的檄文中,袁绍就写他是"众叛亲离,孑然无党",又讽刺他说,"乌丸、濊貊,皆足下同州,仆与之殊俗,各奋迅激怒,争为锋锐;又东西鲜卑,举踵来附。此非孤德所能招,乃足下驱而致之也!"由于同乌丸的良好关系,官渡之战后,袁绍吐血而死,袁谭亦被斩,剩下袁尚、袁熙,还能够带领幽冀十余万户吏民投奔蹋顿。

建安十一年（206），曹操征讨并州刺史也是袁绍外甥高干，高干逃往匈奴求救，而匈奴不敢接纳，然而，蹋顿却毫不犹豫地收留了袁尚、袁熙，这让刚刚把袁绍打得一败涂地的曹操忍无可忍，于是他下定决心征讨三郡乌丸。

七

稍早前，乌丸亦曾有过派出骑兵帮助袁谭的准备，因此在建安九年（204），曹操也派过牵招到柳城（今辽宁省朝阳市）去见辽东乌丸单于苏仆延，即峭王。

牵招过去为袁绍兼领乌丸突骑，与乌丸相熟，他见峭王时，辽东太守公孙康派遣的使者恰好在座，也带着授给单于的印绶。峭王对这种政出多门的情形不理解，疑疑惑惑地问牵招："昔袁公言受天子之命，假我为单于；今曹公复言当更白天子，假我真单于；辽东复持印绶来，如此，谁当为正？"牵招一番解释，自然是说明袁绍如何失当、曹操如何改正，"辽东下郡"则是根本没有封单于的资格，说服峭王最后"敬受敕教"。牵招义正词严，圆满完成自己的任务，可是，他毕竟未能消除乌丸人对于这种颠三倒四假册封的疑虑，无法阻止他们由此而对中原政治局势产生怀疑，更无法左右他们对国内各种政治力量之强弱的判断。所以，郭嘉就分析说：在此情形之下，蹋顿是难免受到"胡人一动，民夷俱应"的舆论鼓舞，而对中原有觊觎之心的。

这一形势，也促使曹操下决心征讨乌丸。

曹操显然是将乌丸视为强敌的。兵马未动粮草先行，他首先听从董昭的建议，开凿平虏渠和泉州渠，将滹沱河、泒水、沟河、潞河、滦河五条河流，从河北饶阳到乐亭联结起来，作为运粮的通道（张博泉说）。但听说要打乌丸，曹操手下的将帅都不赞成，他们认为"夷狄贪而无亲"，乌丸人现实、实际的本性，必使他们不为"亡虏"袁尚所用，真正要防备的，倒不如说是可能偷袭许昌的刘表。这里面，只有"汝颍奇士"郭嘉的意见不同。郭嘉对袁绍，曾有过"袁公徒欲效周公之下士，而不知用人之机""欲与共济天下大难，定霸王之业，难矣"的评价，建安初他归曹操，便成为曹操最重要的谋臣。他不但支持曹操征乌丸，以防蹋顿坐大，还建议要在"胡恃其远，必不设备"之时，"卒然击之"。事情正如郭嘉所料，"坐谈客"刘表确未把握阻击曹操的最后机会。而当曹操进军到易县时，郭嘉再次提醒他兵贵神速，千里袭人，必要"留辎重，轻兵兼道以出"。《三国演义》写到这一节，就很注意到郭嘉在这一战中的作用，因而定其回目为"郭嘉遗计定辽东"。

出征前，曹操又招来田畴。田畴是无终（今天津市蓟县）人，汉末有名的义士，他曾冒着寇虏纵横、道路阻绝的危险，穿山越岭，代刘虞到长安上表献衷。刘虞死后，他率宗族等五千余家避乱徐无山（今河北省玉田县北），约法、制礼、兴学校，远近闻名。乌丸、鲜卑尊敬他，"并各遣译使致贡遗"，礼尚往来。袁绍父子也想笼络他，却为他拒绝。可是他的烦恼在于，乌丸不时侵扰，杀害知名人士及官员，他都束手无策。因而曹操的使节一到,他便应命而至。

建安十二年(207)夏天,暴雨不断,道路泞滞不通,乌丸又据守要道,前进无路。熟悉地形并且熟知乌丸的田畴自告奋勇为向导,选择一条人迹罕至的路径,从卢龙口(右北平郡治,今河北省喜峰口附近),过白檀(今承德市西)、平冈(今凌源市附近),直扑乌丸蹋顿所在地柳城。待蹋顿、袁尚惊觉,仓皇迎战,为时已晚。蹋顿措手不及,当场被杀,袁尚、袁熙逃往辽东后,也被公孙康斩首。

这一场胜在迅雷不及掩耳的战役,在《魏志》里有多处记载,分别见于《武帝纪》《田畴传》《郭嘉传》《乌丸传》等,而以《武帝纪》最为详细。其中说田畴:

> 引军出卢龙塞,塞外道绝不通,乃堑山堙谷五百余里,经白檀,历平冈,涉鲜卑庭,东指柳城。未至二百里,虏乃知之。尚、熙与蹋顿、辽西单于楼班、右北平单于能臣抵之等将数万骑逆军。八月,登白狼山,卒与虏遇,众甚盛。公车重在后,被甲者少,左右皆惧。公登高,望虏阵不整,乃纵兵击之,使张辽为先锋,虏众大崩,斩蹋顿及名王已下,胡、汉降者二十余万口。辽东单于速仆丸及辽西、右北平诸豪,弃其种人,与尚、熙奔辽东,众尚有数千骑。

《田畴传》写曹操见道路难行,问计于田畴,田畴提出"尚有微径可从":

乃引军还，而署大木表于水侧路傍曰："方今暑夏，道路不通，且俟秋冬，乃复进军。"虏候骑见之，诚以为大军去也。太祖令畴将其众为向导，上徐无山，出卢龙，历平冈，登白狼堆，去柳城二百余里，虏乃惊觉，单于身自临阵，太祖与交战，遂大斩获，追奔逐北，至柳城。

这里增加了一个佯装撤退、迷惑对方的细节。而战后论功行赏，曹操亦以"王旅出塞，途由山中九百余里，畴帅兵五百，启道山谷，遂灭乌丸，荡平塞表"为理由，封田畴亭侯（裴松之注引《先贤行状》）。

《郭嘉传》写郭嘉反复提醒曹操轻兵以出，掩其不备：

太祖乃密出卢龙塞，直指单于庭。虏卒闻太祖至，惶怖合战。大破之，斩蹋顿及名王以下。尚及兄熙走辽东。

可惜自柳城归来，三十八岁的郭嘉便一病不起，而曹操上表请追赠加封，里面就说到他"逾越险塞，荡定乌丸"，功劳可比大破匈奴的霍去病。

《乌丸传》写的则是：

建安十一年，太祖自征蹋顿于柳城，潜军诡道，未至百余里，虏乃觉。尚与蹋顿将众逆战于凡城，兵

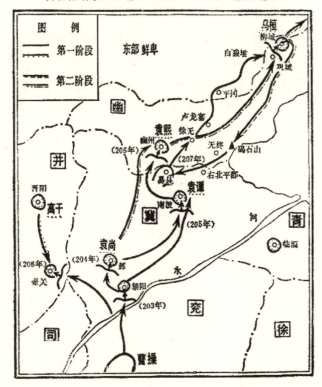

曹操北征乌桓示意图

马甚盛。太祖登高望虏阵,抑军未进,观其小动,乃击破其众,临阵斩蹋顿首,死者被野。

上述各个传记中的描写,如果详加对照,在时间、地点等细节上颇有出入,过去人已经指出,这可能是由于它们各有不同的史料来源。这里不惮烦琐,一一引录,要说明的是不管怎么来写,它们有一个共同之处,就是都写出了如郭嘉期望的"兵贵神速"的节奏。同样在乌丸"虏众大崩""惶怖合战"的映衬下,曹操"登高望虏阵"、从容指挥战役的形象,也被烘托得十分高大。在以"实录"见长的《三国志》里,不能不说这表现出陈寿亦有一支相当传神的妙笔。与此恰成对照的,是后来范晔在《后汉书·乌桓传》中所写:

> 建安十二年,曹操自征乌桓,大破蹋顿于柳城,斩之,首虏二十余万人。

这样一笔带过,未免过于潦草。

八

有"(建安)七子之冠冕"称号的王粲避乱荆州时,曾劝刘琮归曹操,他说当此"家家欲为帝王,人人欲为公侯"的时代,只有曹操"雄略冠时,智谋出世",其"摧袁氏于官渡,驱孙权于江外,逐刘备于陇右,破乌丸于白登"的赫赫战绩,足以证明他的杰出,非常人可比。"破乌丸",消灭袁绍残部,在曹操立足中原、统一北方的道路上,显然有一种里程碑式的意义。

这一仗,从五月打到十月,当时就传说万般艰苦,凯旋途中天寒且旱,杀马数千为粮、掘地三十余丈取水。现存曹操《步出夏门行》四首乐歌,包括《观沧海》《冬十月》《河朔寒》和《神龟虽寿》,据说就是写于北征乌丸的时候。从北征军进驻碣石(今河北省昌黎县),诸将领意见犹有分歧,由"不知当复何从"开始,到"老骥伏枥,志在千里。烈士暮年,壮心不已",道出自己的壮志为止,其中也写到当"孟冬十月,北风徘徊,天气肃清,繁霜霏霏"的秋冬,在北方,"乡土不同,河朔隆寒",由于河水为冰所封冻,"舟船行难",又由于地上也冻得锥扎不进,找不到一点食物,将士们只得在厚厚的冰面上艰难跋涉。不过这四首乐歌,总体上还是充满了"盈缩之期,不但在天"即不为艰难环境所屈服的豪迈之气,尤其"东临碣石,以观沧海"这一首,更以其"企首奇壮"(钟惺评语),历来被人称道。像清代学者陈廷敬便因此而对曹操怀有很高的敬意,他有诗写道:

> 东临碣石观沧海,终古曹公一世雄。汝在辽西怀往迹,振衣飘渺对天风。(《过永平怀故观察守荔裳》二首之一)

"东临碣石观沧海,终古曹公一世雄",征乌丸这一年,曹操五十三岁。

平定柳城,战果累累,且不说收缴财物无数,曹操把它们都分赠与人,如"特以素屏风、素冯几赐(毛)玠",更重要的是,获得"胡汉降者二十余万",其中就包括后来随他转战南北、享有"天下名骑"之美誉的三郡乌丸。而回到易县后，代郡、上郡的乌丸单于也都前来祝贺，幽州、并州的乌丸一万余落随即移居内地。这一来，曹操的军力大增。

翌年（208）春，曹操返回邺都，六月升为丞相，七月南征刘表，九月在当阳长坂追击刘备，一鼓作气，势不可当。直到这一年的十一月，在南方赤壁，方为周瑜所阻。

三国时，缪袭奉命以曹魏建国的历史为素材，创作一套鼓吹曲，其中就有一首《屠柳城曲》（其七），专门歌颂曹操的北征乌丸。歌中唱道：

> 屠柳城，功诚难。越度陇塞，路漫漫。北逾冈平，但闻悲风正酸。蹋顿授首，遂登白狼山。神武慹海外，永无北顾患。

九

南宋的李弥逊有过一个议论，说：

> 魏武行三郡如归市，致（袁）熙、（袁）尚如拉枯，可谓英武矣。然天下未定，勒兵远掠，深入它人之境，乘危攻坚，徼幸一胜，亦兵家之所忌，有德者所不为也。（《魏武征三郡乌丸》）

他以为北征乌丸，是曹操仓促行事，侥幸获胜。美国的巴菲尔德也曾以此论定，曹操是比游牧民族首领更大的冒险者（《危险的边疆》）。这些"事后诸葛"就像当初的反对者们一样，对曹操攻打乌丸，也都不那么肯定。过去史学界因为郭沫若要替曹操翻案，将征乌丸说成是"反侵略性的战争，得到人民的支持"（《替曹操翻案》），而有过关于这场战争性质的讨论，从事民族学研究的马长寿就反对郭沫若的看法，主张它"纯粹是一个国内争夺政权的问题"（《乌桓与鲜卑》）。以上这些评论、争论，关心的主要是曹操打乌丸是不是合理、正义的问题，却大多忽略了令曹操做出这一决策的，既是现实的考量，也有历史的原因。一方面，是由于乌丸卷入了汉末中国的群雄争霸，当"（袁）尚欲凭其兵力，以安北边"时，曹操便无法不将他们与袁尚视为一体，征乌丸，也就成为他最终一统北方的必有之战。而另一方面，他看待乌丸，与中国人历来看待北方草原游牧民族的眼光并无两样，仍然视之为"夷狄"、为劲敌，而战争，已经是规定好的一个选项。

　　班固总结汉代对匈奴的办法，说："有修文而和亲之矣，有用武而克伐之矣，有卑下而承事之矣，有威服而臣畜之矣。"尊卑交替、文武兼擅，相当灵活，也相当细腻，略等于今天的对外政策中，有"武力打击"与"和平外交"这两种，据说这也是自周朝起就有的外交原则。而在汉魏之际，汉廷对乌丸的态度，亦不妨以此来概括。

　　柳城之战后，乌丸元气大伤，散落在中国北方边境，再也找不到机会恢复其完整势力，不过曹操却丝毫没有放松警惕。根据王沉《魏书》的记载，建安二十年（215），曹操布置骑督太原乌桓王鲁昔驻守池阳（今陕西省泾阳县西北），以防卢水胡南下，可是他照样留了个心眼，把鲁昔的妻子放在晋阳。两年后，鲁昔因思念爱妻，擅自带领五百骑兵回并州，单骑入晋阳"盗取其妻"，由于他擅长骑射，无人敢拦阻，后来还是靠鲜卑人快马追击，才将他射死。曹操听说鲁昔叛变，开头怕他为乱一方，也是提心吊胆，及至他死讯传出，才长长出了一口气。

也是在建安二十年前后，代郡乌丸中有单于自立，让曹操颇不放心，派裴潜率精兵去镇压。裴潜洞悉乌丸人心理，他单车到郡，用怀柔的手段，使代郡保持了三年平静，可是在他离任几十天后，乌丸就开始造反。曹操便又派了他的儿子曹彰去征讨。曹彰是以卫青、霍去病为榜样，有志于"将十万骑驰沙漠，驱戎狄、立功建号"的，他在这一战中奋力搏杀，"铠中数箭，意气益厉"，最后大破敌阵，"斩首获生以千数"，不光是给乌丸以致命打击，也给虎视眈眈在侧的鲜卑以教训，据陈寿说，当时鲜卑首领轲比能率数万骑观战，"见彰力战，所向皆破，乃请服"。这让曹操格外欣慰，他表扬载誉而归的曹彰："黄须儿竟大奇也！"（《魏志·任城王曹彰传》）

在曹操，这便是当"修文和亲"失效后，"用武而克伐""有威服而臣畜之"，对乌丸，他也有文和武的两手。

第八讲　征帆一片绕蓬壶
——《魏志·东夷·倭人传》

一

　　三国，指的是魏国、蜀国、吴国，陈寿《三国志》，起初也是各自独立，分别称《魏志》《蜀志》《吴志》的，重心当然在魏、蜀、吴三国。但是，就像"《史》《汉》著朝鲜、两越，《东京》撰录西羌"，尊重前辈史家习惯，陈寿的视野，也包括了与三国有往来的周边国家和民族。他还有一个原则，即是"补前史之所未备"，因此根据"使译时通"的实际情况，在《魏志》最后一卷，他写了一部《东夷传》。这个"东夷"，是指长城以北、大兴安岭以东，相当于今天中国东北以至俄罗斯、朝鲜半岛、日本的范围。

　　这样，在中国传统正史里面，就第一次出现了日本传，便是《魏志·东夷·倭人传》。

　　这个据统计总共有一千九百八十七个字的《倭人传》，也是世界上现存最早的有关日本的文献，在它以前，只有一世纪的《汉书·地理志》在介绍北方燕地时，提到海的那一边，有倭人年年到来："乐浪海中有倭人，分为百余国，以岁时来献见云。"只有寥寥数语，文字很简单。由于日本人记述自己的历史,也要到八世纪才开始,陈寿于三世纪末写下的这一《倭人传》,对于了解日本的早期历史就极为重要,因此它在日本受到的关注比中国要高得多,不但有专业性的注释、考古和研究,还有对大众的讲授、宣传,数不胜数。

按照古代中国人的观念,日本已经是在"荒域之外",遥远的地方,而陈寿自己也说,若非足迹、车轨所及,是没有办法知道"其国俗殊方"的,但他又不曾到日本,写《倭人传》,当然只能借助于现成材料。过去人分析他的史料来源,认为无外乎官方文书和同时代人的记录,譬如皇帝的诏令、魏国以及倭国使者的报告,还有如王沈《魏书》、鱼豢《魏略》和《东观汉记》等。不论官方档案,还是私人撰述、民间传闻,可以肯定的是,《倭人传》的内容绝非凭空而来,它代表了那个时代人拥有的日本知识。

二

在当时人印象里,日本是辽东半岛、朝鲜半岛向东的延伸,《魏志》中的"东夷",首先指的是这样一个整体。而对于这样一个"东夷"的了解,又是靠着汉代以来疆域的拓展和对外交往的增加,一点一点累积下来的。

这就要说到当时的辽东郡。还是在公元前一千年的西周初期,在今河北北部及东北的西南部有一个燕国,它的地理位置特殊,"东北边胡","北邻乌桓、夫余,东绾秽貉、朝鲜、真番之利"(《史记·货殖列传》),就是说经常要同东胡、朝鲜等打交道。大约在公元前四世纪的战国时代,燕将秦开一度因其对东胡的熟悉,将东胡驱逐得很远,燕从那时起就修筑了自造阳(今河北省张家口市)至襄平(今辽宁省辽阳市)的长城,并设置上谷、渔阳、右北平、辽西、辽东等行政区。辽东郡就从那时一直延续下来,到汉代,辖有辽河流域及朝鲜半岛,首府在今辽阳市。

公元前二世纪,汉武帝灭卫氏朝鲜,在辽东半岛以东开辟玄菟、乐浪、真番、临屯四郡,乐浪郡的首府,设在大同江南岸的平壤。到三世纪,公孙氏掌辽东,于乐浪郡南部又划出带方郡,带方郡的首府,有人说就是现在的首尔。

公孙氏掌管辽东以至朝鲜半岛,是从汉末董卓任命公孙度为辽东太守开始的,经公孙康、公孙恭到公孙渊,据有辽东五十年,"东伐高句丽,西击乌丸"(《魏志·公孙度传》),称王割据,一面切断了东夷各国与汉朝往来的通道,一面与东吴遥相联络,到魏明帝时,终于变成魏国的心头

乐浪太守印

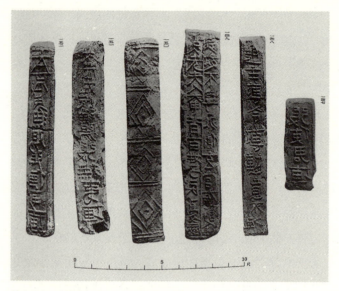

带方太守张抚夷砖

大患。于是景初元年（237），毌丘俭率鲜卑、乌丸兵前往征讨，第二年，司马懿又率四万大军海陆齐发，斩公孙渊之首，连乐浪、带方一并收复，"而后海表谧然，东夷屈服"。

这样，乐浪、带方两郡就代表了三国时，汉朝东至朝鲜半岛中部的领土范围。其中带方郡既与朝鲜半岛最南端的三韩接壤，也是当时中日双方使者往来必经的一站。

三

大约在一万年前，由于气候变暖，海面上升，日本脱离大陆成为列岛，从此后，联系大陆与日本的路径，主要就是朝鲜半岛。有人说在东亚有一个"汉字文化圈",由历史上以汉字为书面语的国家即中国、朝鲜、日本、越南构成,由于汉字为中国发明,又可称"中国文化圈"。三国时期,中国与日本使者的往来,走的是这一条路线,后来汉字及其承载的文化,前如《论语》《千字文》,后如佛经,经过朝鲜半岛传入日本,走的也是这一条路线。

朝鲜半岛的历史,与日本相同,最早也是见于中国的记载。司马迁在《史记》里就写有《朝鲜列传》,那是公元前二世纪的卫氏朝鲜。卫氏朝鲜由燕人卫满于汉初在古朝鲜旧地所建,其中有"真番、朝鲜蛮夷",也有从燕赵之地避难来的移民,国都在王险城(今平壤市),与辽东郡划浿水(清川江)为界,而为其"外臣"。元封二年(公元前109),汉武帝的军队打到王险城下,朝鲜国王右渠"坚守城"、苦战数月而死,然后便是汉武帝"分其地为四郡"(陈寿语)。据说在玄菟、乐浪郡,都有一些朝鲜、濊貊、高句丽人,玄菟郡下,还有高句丽县(今辽宁省新宾县老城附近)。这些高句丽人看起来颇不"驯服",王莽逼他们去打匈奴,他们抗命不从,气得王莽杀其首领犹不甘心,下令改叫他们"下句丽"(《汉书·地理志》《汉书·王莽传》)。

"下句丽"的故事,也被写进了《魏志·东夷·高句丽传》,陈寿还记下高句丽的祖先,相传是松花江流域的扶余(也做"夫余")人。这个扶余人,在六世纪魏收的《魏书·高句丽传》里,又有了一个"朱蒙"的名字。朱蒙的母亲,传说是河伯女儿,在被扶余王囚禁的日子里,于阳光下受孕，生出朱蒙。朱蒙是天生的神射手，他母亲担心他被扶余人所害，叫他逃走，他便跑到纥升骨城（今辽宁省桓仁县五女山城）定居下来，建国高句丽。十二世纪的高丽人在自己最早的史书《三国史记》中也接受了这个传说，将朱蒙称作"始祖东明圣王"，并说他逃离扶余是在汉元帝建昭二年（公元前37）（《三国史记·高句丽本纪》），这样高句丽的建国，就从此被定在公元前三十七年。

与其祖先扶余人或是"同种"的濊人、"别种"的小水貊相比，在陈寿时代的人看来，高句丽人"性凶急，喜寇抄"，"有气力，习战斗"（《太平御览》引《魏略》《魏志·高句丽传》），又好斗，又爱冲动，与汉魏王朝往来，屡战屡败、屡败屡战，从来不会真的妥协。陈寿讲他们经常与辽东发生摩擦，其太祖大王宫曾攻下玄菟郡，"焚烧候城"，宫的儿子伯固也曾拦截刺杀带方令，并抓走乐浪太守妻子。因此，汉灵帝建宁二年（169），玄菟太守便给以痛击，迫使他降归玄菟郡，建安十二年（207），公孙康又再"破其国，焚烧邑落"，逼迫伯固的长子率众投降，其幼子伊夷模迁移至丸都山，"更作新国"。

三国时，孙吴在与公孙渊遥相呼应的同时，也试图联合高句丽。据说高句丽向吴"奉表称臣"（《吴志·吴主传二》裴松之注引《吴书》），这引起魏国的高度警惕。尽管青龙四年（236），高句丽将吴的使臣斩首，送往幽州，三年后司马懿征公孙渊，他们也派了几千人协助，但是，幽州刺史毌丘俭还是向他们发起连续不断的进攻，于正始六年（245）

毌丘俭记功石刻拓本

攻占丸都城,"刻石记功,刊丸都之山,铭不耐之城"(《魏志·毌丘俭传》)。

当时正值高句丽第十一代东川王位宫的时代。位宫是伊夷模的儿子,陈寿写他出生即能"开目视人",天赋异禀,又"有力勇,便鞍马,善猎射",在毌丘俭的穷追猛打之下,仍能在沃沮也就是朝鲜咸镜道一带逃脱,不知所踪。而据《三国史记》说,东川王起初斗志旺盛,甚至扬言:"毌丘俭者,魏之名将,今日命在我掌握之中乎?"他有大臣得来,见他一意孤行,便叹息"立见此地,将生蓬蒿",绝食而死。毌丘俭听说后深为感动,下令"不坏其墓,不伐其树,得其妻子,皆放遣之"。

高句丽当年依山建都，迄今在吉林省集安市留下墓葬与城墙遗址，也留下残存的《毌丘俭记功碑》（现藏辽宁省博物馆），刊载着毌丘俭攻陷丸都的功绩。

四

这一次打击之后，要到东西晋之交、所谓"五胡乱华"的时候，高句丽才卷土重来，先后占领了乐浪、带方两郡，至第二十代长寿王迁都平壤，完全据有朝鲜半岛北部。在集安的好太王陵，现在有一块《国冈上广开土境平安好太王碑》，就是长寿王为纪念他父亲好太王（391—413年在位），于四一四年立的。这块由一千七百余汉字写成的《好太王碑》，从"出自北夫余，天帝之子，母河伯女郎"的始祖，一直写到好太王征战百济、倭、东夫余，广开疆土，"威武掩被四海"，是了解高句丽历史以及中韩日交涉史的宝贵资料。它也说明在六六八年为唐朝和新罗所灭以前，就像传世文献记载的那样，高句丽的确曾是历史上最强大的"东夷"之一。这个强大的高句丽，它的七百年历史，与魏晋南北朝的历史也时常缠绕、不可分割。它的文化，譬如使用汉字，又如在中国和朝鲜发现的高句丽墓室壁画上那些"中国元素"，无不带着中国文化的印记。

这些当然是陈寿所不曾见的。不过，在他的时代，高句丽以顽强不屈的姿态，已经显示出它是"东夷"中自我意识最强的一支。

在朝鲜半岛上，高句丽以南，当时还有一个濊，自称与高句丽"同种","言语法俗"无异。曾有传闻讲殷纣王的叔父箕子见"殷道衰",便带人移居到朝鲜大同江流域,"教其民以礼义,田蚕织作",并作"八条之教",禁止偷盗及相杀相伤(《汉书·地理志》《后汉书·东夷列传·濊传》)。箕子到的地方,陈寿以为就是濊,他说这地方的人与高句丽人不同,"性愿悫,少嗜欲,有廉耻",有古人之风,很能体现

汉代辽东、乐浪、带方三郡及"三韩"地图

什么叫"中国失礼,求之四夷"。

再往南去,在朝鲜半岛最南端,是马韩、辰韩、弁韩,即所谓"三韩"。这里既有古朝鲜的遗民,也有秦汉间从燕齐赵秦来的移民,《三国史记·新罗本纪》也说"中国之人,苦秦乱,东来者众。多处马韩,与辰韩杂居"。

弁韩,在朝鲜半岛的西南角,"土地肥美,宜种五谷及稻,晓蚕桑,作缣布",有良好的农业和纺织业基础,交通方面,也能"乘驾牛马"。更重要的是它产铁,有当时最先进的技术,不仅满足韩、濊的需要,还能供给乐浪、带方及倭。

弁韩有渎卢国,离倭最近。

五

倭,《说文解字》的解释是"顺貌,从人,委声",这跟班固所说"东夷天性柔顺,异于三方之外"是一致的。王充《论衡》也记有"周时天下太平,越裳献白雉,倭人贡鬯草","成王之时,越人献雉,倭人贡畅"的传说,说明自古以来,倭对中国就很顺从、恭敬,时有朝贡。这是陈寿以前汉代人的印象。

陈寿说:"倭人在带方东南大海之中,依山岛为国邑。旧百余国,汉时有朝见者,今使译所通三十国。"带方东南大海,说的是朝鲜海峡。三国时与中国有往来的倭三十余国,今人考证,应当是九州北部的三十几个地方部落联盟,到中国来的都是当地豪族。

倭国使者来朝,《后汉书·东夷列传·倭传》记载汉代有过两次。第一次是在中元二年(57),倭奴使者奉贡朝贺,汉光武帝赐以印绶。一七八四年在日本九州的志贺岛,发现有一枚刻着"汉委(倭)奴国王"字样的金印(藏福冈市美术馆),据说恰好能证实这一记载。第二次是安帝永初元年(107),倭国使者"献生口百六十人",要求朝见。所献"生口",一般就说是奴隶或文化不高的人,也有人觉得不那么简单,怀疑他们是早期的留学生,到中国来学习制玉、冶炼青铜之类的技术,然后带回日本。

由于当时的中日关系,并不是在现代国际关系框架里的国与国平等外交,而是在一个以汉朝为天朝上国的"册封

"汉委奴国王"金印

朝贡"体制当中，日本使者的到来，因此都被叫做"朝见"，他们带来礼物，也叫"供奉""贡献"，而中国居高临下的答谢，都叫"赐予"。

六

尽管并不是自己所见所闻，陈寿《魏志·倭人传》的写法，仍然像是一个出行的使者，以带方郡为起点，依次记下经过的道路里程、水陆交通，到倭土以后，则是一一讲述倭各国的地理人口、社会组织、人情风俗。

由于《倭人传》写的是日本，所以从江户时代的新井白石（1657—1725）作《古史通或问》（1716）、本居宣长（1730—1801）作《驭戎慨言》（1778）以来，对于它的研究，在日本就不曾中断。日本学者极为重要的贡献，在过去是参照日本的文献，结合实际地理的考察，通过对音等方法，将《倭人传》的记录与日本地名相对应，逐一还原诸倭国的具体位置。虽然还有些争议，可是像和田清、石原道博编译的《魏书·倭人传》（岩波文库1951），对于《倭人传》的解读，就有无可替代的价值；在最近，则是广泛使用考古的、民俗的资料，进一步就《倭传》中有关日本环境、风俗的记载加以验证，如佐原真的《魏志倭人传的考古学》（岩波文库2003），就大大丰富了对这份三世纪文献的理解。

按照陈寿所写，从带方郡到韩国，经弁韩的狗邪韩国，也就是今天釜山西北的金海，过朝鲜海峡，第一站便是对马。对马岛现在属于日本长崎县。陈寿记载这里有千余户居民，大多从事捕鱼业和海上贸易。

从对马再南渡瀚海，到一支岛，有三千余人家，主要也是做南北贸易。一支，在《三国志》几乎所有版本里，原来都写称"一大"，但《梁书》《北史》却写的是"一支"，日本学者根据《古事记》中的"伊伎"和《日本书纪》的中"壱岐"，指出正确的写法应为"一支"，也就是长崎县的壹岐，位于对马、九州之间。

再渡海至末卢，有四千余户人家，出产鱼鳆。末卢，《古事记》作"末罗"，便是后来的肥前松浦郡，在今佐贺县西北，是朝鲜半岛通往九州北部的要道。鱼鳆，有人说是鲍鱼。

由此登陆而向东南，到伊都，属女王国，有千余户人家，又"置一大率，检察诸国"。大率，陈寿说相当于刺史，负责对上述各国的监督。伊都还是带方、韩以及倭国使者往返停留之地，使者们在这儿接受类似海关的检查，"临津搜露"，"不得差错"。伊都，《古事记》作"伊斗"，也就是怡土，即今福冈县的丝岛。

继续向东南，到奴国，有大约两万户居民。奴，《日本书纪》作"那津"，在今福冈附近。

向东到不弥，有千余人家。不弥，有人说就是福冈东面的宇美。

再向南，为投马，有五万余户居民，规模较大。不过它对应的是九州的摩萨、日向的都万，还是日本海岸的出云、但马，又或是濑户内海沿岸的山口佐婆郡玉祖乡、广岛的鞜，在日本学界很有分歧。

经过以上八国，更向南，便是邪马台，"女王之所都"，有人口七万余户，规模更大。

从带方郡到这里，陈寿说已经走了一万二千余里。再往北，就是隶属邪马台的斯马、已百支等二十一国。又向南，是以男子为王的狗奴国。狗奴国，有人说是熊野，有人说是熊袭。向东渡海，还有侏儒国、裸国、黑齿国等。如此航行一年，所见仍是"倭种"。而倭国列岛，据陈寿说，是"绝在海中洲岛之上，或绝或连，周旋可五千余里"。

七

陈寿写《倭人传》，既有文献依据，也有道听途说，当然还带入想象。他记录的那些里程、方位，很多人都指出不怎么准确，还有人口数，如投马、邪马台的人口密度会不会那么高，也很可疑。有人猜测，之所以把倭写得地广人稠，是不是为了突出司马懿辽东一役，开辟与倭的通道，功劳很大。

就像一般人的入境问俗，又或是如传统"四夷传""外国传"突出异域风情的写法，陈寿描述倭人，重点也在倭与中国不同的地方，是华、夷之别。譬如他讲倭人如何"不淫"即不奢侈，男子"以木绵招头。其衣横幅，但结束相连，略无缝"，妇女"作衣如单被，穿其中央，贯头衣之"，当然就是因为在中国，早已有极其讲究的衣冠制度，就连扶余人，也有在家出国的不同衣服，有饰以金银的帽子，高句丽人的衣服也有以锦绣金银装饰的,这样来看倭人的"袈裟式衣"和"贯头衣",自然是太简朴。

又譬如他讲倭人如何在气候温暖的环境里,长年赤足、吃生菜,这也是跟中国习惯不同。倭人赤脚的形象,在后来的《梁元帝职贡图》上仍可看到,倭国使者以布裹头、袒胸露肚、赤足的样子,就是与别国使者风格迥异。而据说在日本出土的弥生土器上,弥生的战士也是赤脚。吃生菜的习惯,现代日本学者通过文献和考古也给以证实,一个是在八世纪的日本,为了防治流行病,政府曾有禁止吃生的鱼肉和蔬菜的文告(《类聚符宣抄》第三疾疫),还有一个是在对藤原京、平安京厕所的考察中发现,由于生食,得寄生虫病的人不少。

除此以外,在陈寿看来,倭人的家庭也比较特殊,他们父母兄弟不在一起,"卧息异处",在一起时,也没有父子男女之别。地位高的大人往往有四五个妻子,普通人也有两三个妻子,妇女都视若平常。还有倭人嗜酒,却长寿。遇大事,也要灼骨而卜,先占吉凶。人死后有棺无椁,封土作冢,家人要哭泣、戒荤。倭船到中国,路上都会叫一个人"持衰",不吃肉、不洗澡换衣服、不近女性,如果遇到麻烦,就会以"持衰不谨"向他问罪。

在对马、一支、伊都、奴国、不弥、邪马台等国,据陈寿说,都有政府组织,如对马和一支有大官卑狗、副官卑奴母离,投马有官弥弥、副官弥弥那利,邪马台有伊支马、弥马升、弥马获支、奴佳鞮。也有赋税、刑罚。国与国的交易,由大倭来监督。又有宗族尊卑,差序等级。在伊都,下户见到大人都要迅速回避,跟大人说话,也要蹲下或跪下,双手拄地,恭恭敬敬地回答"噫"。

至于倭的自然环境,则有稻麻桑棉、真珠青玉,有种类繁多的树木包括果树,有矛、盾和木弓。其中"短下长上"的木弓,据说在弥生时代的铜铎上就可以看到(设乐博己编《三国志が見倭人たち——魏志倭人伝の考古学》,山川出版社 2001)。

《倭人传》的诸多记载,按现代人看,未见得都是实情,里面有一些破绽,还有一些难以理解的地方。如它说"计其道里,当在会稽、东冶之东",说倭人男子"黥面文身",是跟禹的孙子少康在会稽时一样,"断发文身以避蛟龙之害",又说其"所有无与儋耳、朱崖同",就让人疑惑。因为会稽、东冶,是在今江、浙、闽一带,儋耳、朱崖是在海南岛,为什么会忽然提到这些地方?是不是除了辽东及朝鲜半岛这一当时的官方通道之外,还有另外一条航线,是从江南沿海出发,到达九州?

但是不管怎么说,作为世界上最早的有关日本及中日关系的文献,《三国志》的《倭人传》还是非常珍贵的。

八

在倭三十余国里,陈寿对邪马台女王国的描写最为详尽,这使后来的研究者们相信,邪马台就是倭各国的统帅,是当时日本列岛的政治中心。

邪马台，又写作"邪靡堆"可以对音于"大和（やまと）"，不过问题是，这个"やまと"，是如内藤湖南说在近畿（《卑弥呼考》），还是如白鸟库吉说在九州（《倭女王卑弥呼考》），在日本有很大的争议，迄今都是媒体及普通民众关注的话题。两种说法，差距甚大，更重要的是这两种意见，不但有它们各自的历史渊源，还关系到对于日本历史的一个绝大判断：如果是在近畿，那么此时的日本，就完成了从日本列岛的中心近畿到九州的联合，邪马台便是代表着这样一个古代日本，在与三国时代的魏交往。而如果是在九州，则意味着当时皇朝的笼罩力尚未到达九州，大和与九州还是各自独立，因而陈寿的记载，对于邪马台以东，也知之不详。两种不同的意见，主要是基于对日本国起源的不同判断，也包含了对于一海之隔的中国，在日本文化形成过程中扮演角色的考量。

据陈寿说，邪马台的女王名叫卑弥呼。卑弥呼是在一次倭乱后，结束了几十年男王当政的历史，成为女王的。这个未婚的中年女性，"事鬼道，能惑众"，颇有一些宗教本领，为王后极少露面，由她弟弟辅政。八世纪初，日本舍人亲王等撰写的《日本书纪》引述了这一记载，有人据以猜测，这个卑弥呼或许就是古坟时代的神功皇后。不过也有人说"卑弥呼"对应的"ひみこ"，又可以汉文写作"姬尊"，也就是日本古代对妇女的一种尊称，这便意味着她只是一个尊贵的女性、一个酋长。还有像白鸟库吉，干脆说卑弥呼是一个巫，她弟弟是觋，他们集宗教与世俗权力于一身，说明这一时期的日本,依然处在祭政合一的阶段。

由于后来范晔记"倭国大乱,更相攻伐,历年无主"(《后汉书·倭传》),是在汉代桓帝、灵帝之间,有人便据以推测卑弥呼为女王,大概是二世纪末的事。

九

景初二年(238)正月,司马懿受命讨辽东,八月公孙渊被斩首,"海东诸郡平",很多人相信就是在这一形势下,邪马台女王才派出使者到魏国,寻求同魏国建立联系。而魏国方面,据日本学者榎一雄说,由于孙权于称帝后的第二

日本古代素陶女巫

年（230），曾派遣上万人的船队去夷州、亶州（即今天的台湾和海南岛），并且成功地登上夷州，给魏国带来刺激，使它从地缘政治的角度考虑，也要跟倭加紧联系（参见榎一雄《邪马台国》）。

陈寿记载卑弥呼与魏国的往来，正是从景初二年开始，前前后后持续了十来年。

景初二年，是《三国志》的记载，然而在《日本书纪》中记作"景初三年"，这一年之差，在日本引起很多讨论。因为景初三年正月魏明帝就去世，齐王继位，到十二月改元为正始，所以这一年不是平常之年。最近渡边义浩在《解开魏志倭人传之谜》（岩波文库2012）的书中还旁征博引，考订确为"三年"，不过，这里暂从《三国志》目前可见各种版本的记载，还是当作"二年"。

第一次是倭来，在景初二年六月。卑弥呼派其大夫难升米、次使都市牛利到带方郡，携男生口四人、女生口六人以及班布二匹，要求"诣天子朝献"，带方郡太守刘夏便叫人把他们送到洛阳。当年十二月，魏帝就颁布诏令，封卑弥呼为"亲魏倭王"。

这份诏令，在《倭人传》里占了不小的篇幅。诏令中写道："汝所在逾远，乃遣使贡献，是汝之忠孝，我甚哀汝。今以汝为亲魏倭王，假金印紫绶，装封付带方太守假授汝。其绥抚种人，勉为孝顺。"所谓"亲魏"，便是归顺于魏，而"假金印紫绶"，则是汉光武帝赐印给"汉倭奴国王"的重演。念及来使"道路勤劳"，给难升米他们也颁发了银印青绶。

诏令的后半部分，写的是回赠给卑弥呼的礼品。其中绛地交龙锦、绛地绉粟罽、蒨绛、绀青各若干，是为了"答汝所献贡值"，好像投桃报李。又有绀地勾文锦、细斑华罽、白绢、金、五尺刀、铜镜、珍珠、铅丹等各若干，是为了让她在倭人面前显示得到魏国的支持，故说："悉可示汝国中人，使知国家哀汝，故郑重赐汝好物也。"

刀和铜镜，据说在古代日本都是权力的重要象征。天理的东大寺山古坟出土过一把铁刀，刀身上有"中平□□（年）五月丙午，造作□□（支刀），百练清刚，上应星宿，□（下）辟不□（祥）"的铭文，据推测，就是汉灵帝在倭国大乱之年，赠给倭王以示声援的。赠刀和赠金印是一个意思（参见西岛定生《日本国家的起源》）。而这次赠品里面除了五尺刀两口，居然有"铜镜百枚"，叫人颇费思量。在日本，到现在已发现了各式铜镜四百余枚，岛根县云南市神原

日本出土三角缘神兽镜

神社古坟中的一枚，上面有"景初三年"的铭文，群马县、兵库县和山口县各有一枚，上面写的是"正始五年"，有人怀疑这些铜镜就是从魏国来的。当然，也有说是乐浪郡所造，但由于在中国和朝鲜都没有发现这样的铜镜，考古学者王仲殊在二十世纪八十年代考证铜镜应该是在日本制造，但造镜的工人却是从吴国来，结论很受学界的重视。

第二次是魏往。正始元年（240），带方太守弓遵派建忠校尉梯儁奉诏书、印绶到倭国，赐予金、帛、锦罽、刀、镜、采物，倭王上表答谢。

第三次是倭来。正始四年（243），倭王遣其大夫伊声耆、掖邪狗等八人，来献生口、倭锦、绛青缣、棉衣、帛布、丹木、犴付、短弓矢。

第四次是魏往。正始六年（245），诏赐倭大夫难升米黄幢，也就是旗帜，由带方郡代为授予。

第五次是倭来。正始八年（247），带方太守王颀到官，倭人载斯、乌越等前来报告卑弥呼与狗奴国男王卑弥弓呼多年矛盾、互相攻击的状况。

第六次是魏往。听了倭载斯等人的报告，带方郡派张政带人去送诏书、黄幢，并让难升米记下魏国的意见，捎给卑弥呼。就在这时，卑弥呼去世。邪马台先是由男王继任，但是倭各国都不服，引起骚动，于是立卑弥呼十三岁的宗女壹与为女王。而在倭局势平稳后，张政和壹与也交换了意见，由掖邪狗等二十人护送回国，随行有男女生口三十人，还带回贡白珠、孔青大句珠、异文杂锦等。

根据后来的《晋书·四夷传》记载，张政回到中国，实际已是晋武帝登基后的第二年，即泰始二年（266），距离陈寿动笔撰写《三国志》，这时仅有十多年工夫。

卑弥呼死后，陈寿说她被葬在"径百余步"的大冢，"殉葬者奴婢百余人"。这个大冢，就是古坟。最近几十年，在西日本各地都有发现前方后圆的、建于三世纪后半的大型古坟，由于它们的建成，需要相当的人力，在日本历史上，也被说成是以大和为中心的各地方政治势力的广泛联合业已完成的象征。

十

泰始二年，《晋书》上写着"倭人来献方物"，表明在正始八年倭人载斯、乌越等到来之后，仅仅相隔十多年，倭又恢复了对中国的朝贡。此后不久，陈寿便来到西晋的洛阳，他很容易了解到这一点，同时了解到平定公孙渊，征服海东诸郡，开辟倭与中国联系的通道，是晋武帝的祖父司马懿的功劳。也许正是这样，当他撰写《三国志》时，倭便自然而然地进入他的视野。

而从陈寿写《倭人传》开始，以后南北朝时期的范晔写《后汉书》、沈约写《宋书》、萧子显写《南齐书》，隋唐时期的姚思廉父子写《梁书》、魏征等人写《隋书》、李延寿父子写《南史》《北史》、房玄龄等人写《晋书》，都沿袭他的办法，各作一篇"倭传"或"倭国传"。把倭纳入正史，不能不说陈寿有开辟之功。到了后晋刘煦等人编纂《旧唐书》,除了写《倭国传》,还有一篇《日本国传》,以后《新唐书》《宋史》《元史》《明史》,都统统改名叫"日本传"。

由"倭"到"日本",史书中这一名称的变更,大约发生在十世纪前后,可是据《新唐书·东夷传》说:"咸亨元年(670),遣使贺平高丽,稍后习夏音,恶倭名,更号日本。"那么,从日本使者那里听到"日本"这个新的名字,应当更早在七世纪唐高宗时。近年在西安发现一块《井真成墓志》(西北大学历史博物馆藏),井真成死于唐玄宗开元二十二年(734),墓志中提到他"国号日本",这也证明在八世纪的长安,"日本"这个称呼已经不算罕见。

改名"日本"的原因,《旧唐书·倭国·日本传》记有三条:第一,"以其国在日边,故以日本为名";第二,"倭国自恶其名不雅,改为日本";第三,"日本旧小国,并倭国之地"。三条归为一点,就是说"日本"是日本人自己的命名。无论是强调它位于东方,还是嫌弃"倭"名不雅,都表现出一种自立的、不轻易附和的态度,而说日本是以小并大的后起之国,不管事实如何,都是在修正中国人关于倭的历史记忆。

汉代以来的中国人,本以为倭人最柔顺、能服从,在五世纪后期沈约写的《宋书》里,仍说日本是"世修贡职",然而根据《隋书》的记载,大业三年(607),日本使者来朝,国书上就写的是"日出处天子,致书日没处天子"。内藤湖南曾考证这份国书可能为圣德太子亲笔所写,正因为圣德太子有很高的中国文化修养,所以他才会用一个完全对等的签名(《圣德太子》)。而这种力争平等的做法,让隋炀帝很不习惯,发了一大通脾气,并威胁要断绝关系:"蛮夷书有无礼者,勿复以闻。"不过第二年裴世清出使日本,据《日本书纪》说,隋炀帝诏书上写的是"远修朝贡",到日本小野妹子回访,照样说"东天皇敬白西皇帝"。

对于"倭"还是"日本"这个名号的计较,在这里,不是语言游戏,而是一种国力的较量。据说镰仓时代有一部卜部兼方的《释日本纪》(1274—1301),解释"倭"名的来源,是中国人听日本人自我介绍,说到"和奴国"即"我ぬ国"时,记下来写作"倭奴"二字。然而,这个带有调和性的解释,在日本著名的国学者本居宣长的《国号考》里,就被认为完全不可靠。

从《古事记》和《日本书纪》可以看到,从应神天皇在位(270—310),也就是西晋时、陈寿到达洛阳前后,有百济博士王仁(迩吉师)带着《论语》《千字文》到日本,献给天皇,从那时起,直到推古天皇(592—628年在位)时代,模仿隋的制度进行政治改革,在不断吸收中国文化的同时,日本的独立意识被逐渐激发,到圣德太子时,就有了与隋炀帝各说各话的勇气。而在这个过程里,如日本学界经常谈到的,由于中国处在南北朝分裂、自顾不暇的阶段,也让东亚各民族有机会脱离中国的"朝贡体制",走上自己国家独立的道路。《宋书·倭国传》记载有倭五王武即雄略天皇的上表,讲到他们"东征毛人""西服众夷",据说这种以他人为"夷"的表述,就暗含了一种自居"中华"的意识,说明那时的日本,不仅接受了以中国为中心的"天下"观,还由此产生了以日本为中心的"小中华"观念。

然而在很长一段时间,日本列岛上发生的这一变化,却不为一般中国人察觉,史书的记载也极为有限。隋唐时代,到中国来的日本使节、留学生、学问僧渐多,与中国人的接触也随之增加。有一位阿倍仲麻吕、中国名字叫晁衡(又名朝衡)的,年轻时在长安科举及第,此后一生留在中国。他的中国朋友很多,有一次他乘船渡海打算返回日本,途中发生意外,诗人李白得知后,便写了一首怀念他的诗:

> 日本晁卿辞帝都,征帆一片绕蓬壶。
> 明月不归沉碧海,白云愁色满苍梧。
> (《哭晁卿衡》)

辞别帝都,而航行到传说里的蓬莱、方壶仙山,便是古代中国人对于日本这个遥远的东方岛国,贯穿了好几个世纪的温情想象,从三世纪的洛阳到八世纪的长安,没有多少分别。就是在现代诗人笔下,也还是有如徐志摩的那一首《沙扬娜拉》:"最是那一低头的温柔,像一朵水莲花不胜凉风的娇羞,道一声珍重,道一声珍重,那一声珍重里有甜蜜的忧愁——沙扬娜拉!"仍然把日本看作最温柔的国度。

第九讲　出师未捷身先死
——《蜀志·诸葛亮传》

一

蜀国四十年的历史中，最让人不能忘怀的是诸葛亮。

诸葛亮（181—234）本来不是蜀人。他是琅琊阳都（山东省沂南县）人，祖上为司隶校尉，父亲为泰山郡丞，但他父亲死得早。大约在汉献帝兴平元年（194），诸葛亮的叔父

武侯遗像

诸葛玄接受袁术的任命到南昌，他们兄弟随之南行，不久又到襄阳（今湖北襄阳）依附荆州牧刘表。叔父去世后，他便在襄阳以西二十里的隆中，"躬耕陇亩"。

就在这时，刘备（161—223）受刘表之命，正屯兵新野（今河南新野）。在征黄巾军有功而为安喜尉以前，刘备已经追随过何进、公孙瓒、曹操、袁绍等好几个人，却都因为不肯屈居人下，和他们又保持着距离，即便是面对与他"出则同舆、坐则同席"的曹操，他也存了一份戒心，何况是"厚待之，然不能用"（《魏志·刘表传》）的刘表。

汉代末年，中原变疆场，起初荆州还相对平静。汉景帝之子鲁恭王的后裔刘表"无霸王之才"，可是他统领荆州近二十年，"言不及军旅之事"（《刘镇南碑》），反而"开立学官，博求儒士"，因此吸引了很多避乱的士人，使荆州一度代替洛阳，成为新的文化中心。刘备于建安六年（201）来到这里，虽然受刘表限制，也由此结交了不少有识之士，其中有个徐庶，他很欣赏，但徐庶告诉他，诸葛亮才是"卧龙"。这样，他便去拜访诸葛亮，"凡三往，乃见"。

这是建安十二年的事。四十七岁的刘备正好在这一年生了儿子刘禅。

大概由于此后刘备与诸葛亮之间的关系，就像陈寿赞美的那样，"诚君臣之至公，古今之盛轨"，是历史上一种罕见的君臣关系，君臣二人披肝沥胆，都表现出很高的人格，因而"三顾草庐"的故事，在蜀地流传，就有不止一个版本。也有人说举荐诸葛亮的，是号为"清雅有知人之鉴"的司马徽，司马徽同时还推荐了襄阳庞统，称他们一个是"卧龙"、一个是"凤雏"（裴松之注引《襄阳记》）。庞统为"南州士之冠冕"，他曾献上中下三策给刘备，攻打益州，"所过辄克"，最后在包围雒县（今四川省广汉市北）时中箭而死，"先主痛惜，言则流涕"（《蜀志·庞统传》）。庞统在刘备建立蜀国的过程中，也的确起到过很关键的作用。

不过在魏国，总不大有人相信刘备"知人待士"会有如此热忱，能够折节去拜见小他二十岁的诸葛亮。在鱼豢的《魏略》中，就写的是诸葛亮"北行见备"。

二

诸葛亮本来在隆中过着乡间生活，陈寿说他第一，"好为《梁父吟》"。梁父，是泰山下埋死人的地方，《梁父吟》正是一首诸葛亮家乡的哀歌。它的古歌词是："步出齐城门，遥望荡阴里。里中有三坟，累累正相似。问是谁家墓，田疆古冶子。力能排南山，文能绝地理。一朝被谗言，二桃杀三士。谁能为此谋，国相齐晏子。"（《乐府诗集·相和歌辞》）这里讲的是春秋时代，晏子建议齐景公用两个桃子奖励给公孙接、田开疆、古冶子三位功臣，致使他们自相残杀的故事。诸葛亮吟唱这首歌，大概是由于他生在汉灵帝初年，当时的形势，时常让他联想到周天子势衰、诸侯纷争的春秋战国，他对死于二桃的三士满怀同情，然而齐相晏婴能出此计策，更给他留下深刻的印象。

陈寿说他第二，是"每自比于管仲、乐毅"。管仲也是春秋时的齐相，比晏子更早，他最了不起的地方，是辅佐齐桓公成为"春秋五霸"之首，孔子就说："桓公九合诸侯，不以兵车，管仲之力也"，"微管仲，吾其披发左衽矣。"（《论语·宪问》）而乐毅则是战国时代人，他从赵到燕，为燕昭王亚卿，会合赵、楚、韩、魏、燕五国兵力攻打齐国，连下七十余城，仅剩莒和即墨，燕惠王即位后再回到赵国。汉末三国，这两个都是常常被提起的人物。孙策、孙权兄弟都曾以齐桓公自比，孙策就跟张昭说过："昔管仲相齐，一则仲父，二则仲父，而桓公为霸者宗。今子布贤，我能用之，其功名独不在我乎？"（《吴志·张昭传》）表示自己有齐桓公的气量。孙权在要求大臣对自己"有过未尝不谏，谏而不得，终谏不止"时，也说是"孤于齐桓良优，未知诸君于管子如何耳？"（《吴志·吴主传》）而关于乐毅，则有曹爽的表兄弟夏侯玄所写《乐毅论》，流传颇广。《乐毅论》主要阐述乐毅之所以不愿乘胜攻打莒和即墨，是因为他有"迈至德以率列国，则几於汤武之事"的抱负，也就是"乐生之不屠二城，其亦未可量也"（《魏志·夏侯玄传》裴松之注引《魏氏春秋》）的道理。由于《乐毅论》有传为王羲之、王献之的墨宝存世，在日本奈良的正仓院，还保留着据说是光明皇后（701—760）模仿"二王"的法书，这篇文章在后世也特别有名。

诸葛亮每自比于管仲、乐毅，当然首先是因为他把汉末的皇室衰微、群雄并起，看得跟春秋战国时代一样，他一肚子都是春秋战国的掌故。刘表的长子刘琦由于父母偏爱弟弟刘琮，心里不安，找他商量，他用来开导刘琦的就是春秋时重耳的故事。重耳是晋献公之子，晋献公宠爱的骊姬要立自己的儿子奚齐为太子，逼得太子申生自杀，重耳也只好逃亡国外，十多年后才回国，最终成了晋文公。他说："君不见申生在内而危，重耳在外而安乎？"刘琦听明白他的意思，便去做了江夏太守。其次，诸葛亮也不是不识时务的"儒生俗士"，他知道在这个时代，最需要的是能为一方诸侯出谋划策的管仲、晏婴、乐毅式人物。宋代的张耒对他有一个评语，说："诸葛亮，战国之策士也。"(《韩信议之二》)策士本来指活跃在战国的一批人，他们因为处在"天下尤趋谋诈"的时代，有"智"、能出"奇计"，"虽非笃行之君子，然亦战国之策士"(《史记·樗里子甘茂列传》)。张耒是把诸葛亮归到了这样一类人里。

不过，就算是管仲、乐毅在世，也还要等到齐桓公、燕昭王的出现，方可一展"王天下""霸诸侯"的宏愿，汉代儒生把这叫做"贤者得位"。贤者得位，才有施奇计、用巧智的机会，"犹龙得水，腾蛇游雾"(《盐铁论·刺复》)，如果不得其位，龙也只能做"卧龙"。

徐庶看到刘备有称霸一方的企图，就对他说诸葛亮是"卧龙"。但当时承认诸葛亮是卧龙的，大概只有徐庶等两三个朋友，他们在荆州一道游学，知道诸葛亮有过人之处：一是他不怎么有乡土观念，志在四海；二是他读书不拘泥于书，"观其大略"，有自己的主见；三是他娶妻不管她"黄头黑色"，相貌不佳，"才堪相配"即处之泰然。后来朱熹说诸葛亮"学不甚正，但资质好，有正大气象"（《朱子语类》卷九六），大体上也就是这个意思。

三

刘备和曹操一样，都不算当时名门大族中的人，虽然他是汉景帝儿子中山靖王刘胜（公元前165—公元前113）的后裔，但是刘胜据说有一百二十多个儿子，刘备出生时，他也死了二百多年，如裴松之所说，"世数悠远，昭穆难明"，这点家世，已不能给刘备带来多少实际利益。现在保定的满城还有刘胜及其妻子的墓葬，其中最有名的如金缕玉衣、长信宫灯都精美无比，很能令人想象到当日的奢华，可是刘备的祖父为县令，他父亲为郡县小吏并且在他年幼时去世，他和母亲也只能靠贩履织席为生，似乎还比不上曹操由于父祖的关系，能够处在实际的政治、文化中心。

因此，刘备和曹操作风不同，他"不甚乐读书"，"喜狗马、音乐，美衣服"，最重要的一点是他深信"济大事必以人为本"。陈寿写《蜀志·先主传》，在刘备身上，经常使用"好结交豪侠，年少争附之""其得人心如此""厚树恩德，以收人心""弘毅宽厚，知人待士，盖有高祖之风，英雄之器焉"一类的评价，指出他特别注意培养人脉。过去人分析"三国之主用人各不同"，也说刘备讲究的就是一个"性情相契"（赵翼《廿二史札记》）。对于一个志在天下却手无寸土的人来讲，似乎也只有这一条路可走。

刘备见诸葛亮"凡三往"，在这一背景下，也就不是什么特别的事情。诸葛亮后来上疏刘禅,也说:"先帝不以臣卑鄙,猥自枉屈,三顾臣于草庐之中。"三顾草庐,正是曹操北征乌丸大胜、将要进军南方之时。这时在南方长江流域,孙权占据扬州、刘璋占据益州、刘表占据荆州,刘备寄寓荆州,也恰是彷徨无地,有志难伸,因此他见到诸葛亮,先就道出自己的艰难处境。

诸葛亮为刘备分析时势,指出:曹操从"名微而众寡",发展到"以弱为强",打败袁绍,"拥百万之众,挟天子而令诸侯",现在已不可与之"争锋"。江东在孙权三代人的经营下,"国险而民附,贤能为之用",现在也"可以为援而不可图"。只剩下"北据汉沔,利尽南海,东连吴会,西通巴蜀"的荆州。荆州本来是一个很重要的地方,碰巧刘表无能,所以,不妨以"帝室之胄"为号召,取彼而代之,再进一步取代益州的刘璋,然后西和诸戎、南抚夷越,最后派荆州军进攻宛洛、率益州兵出秦川,则"霸业可成,汉室可兴"。

这一篇谈话,便是有名的《隆中对》(又名《草庐对》)。诸葛亮建议刘备先抢占荆州和益州,与曹操、孙权三分天下,然后从荆、益出发,扫荡中原,由于此后的形势,一步一步都验证了这个规划,所谓"武侯事先主,身任帷幄筹。草草隆中对,后来语皆酬"(赵翼《古诗二十首之九》),因此,这篇对策越来越被视为诸葛亮的天才之作,用小说家的话,便是"未出茅庐,已知三分天下,真万古之人所不及!"(《三国演义》)但事实上,在建安五年(200)鲁肃初见孙权、与之合榻对饮时,就已经谈到了"汉室不可复

刘备像

兴,曹操不可卒除"、孙权"唯有鼎足江东,以观天下之衅"的形势,裴松之在为《鲁肃传》作注时,已对此有过辨析,指出刘备最终决定与孙权"共拒中国,皆(鲁)肃之本谋"。这说明天下三分,并非诸葛亮一个人的发明,大势如此,是当时很多人的共识。

刘备听到"将军既帝室之胄,信义著于四海"的鼓励,顿时意气横生,立刻将诸葛亮引为知己,过去与他"寝则同床,恩若兄弟"的关羽、张飞有所抱怨,他的回答也很明确:"孤之有孔明,犹鱼之有水也。愿诸君勿复言!"他比喻诸葛亮为水、自己为鱼,跟汉代儒生喜欢讲的"贤者得位,犹龙得水"是一回事儿,而把身段放低说自己为鱼,也是要强调诸葛亮的重要。而在诸葛亮这一边,他大概是真正有了"犹龙得水"的感觉,"由是感激,遂许先帝以驱驰"。

刘备对关、张把话说得很绝,事实上他对诸葛亮也不是那么言听计从。不久后,诸葛亮建议他打刘琮,拿下荆州,他就以"不忍"推辞,结果在长坂坡跌了大跟头。

四

建安十三年(208)秋,曹操南下荆州。刚好刘表去世,刘琮不战而降,刘备只得向江陵撤退,在当阳长坂坡(今湖北省当阳市东北)遭遇曹操,与诸葛亮、张飞、徐庶几个人落荒而逃,慌乱中丢下刘禅母子。陈寿说刘禅"赖赵云保护,得免于难",不过也有传言说是刘禅被人转卖到汉中,过了好几年,才回到父亲身边。刘备与刘琦在夏口(今湖北省汉口市)会合,他这时"失势众寡,无立锥之地"(陈寿《上诸葛亮集表》),更加凄惶。

鲁肃借吊唁刘表,到荆州察看形势,乘机劝刘备与孙权联合。诸葛亮与鲁肃一拍即合,也愿意代表刘备去跟孙权协商。

诸葛亮在柴桑(今江西省九江市)见到孙权,他首先陈述"将军起兵据有江东,刘豫州亦收众汉南,与曹操并争天下"的天下大势,但是现在曹操平定北方,又破荆州,威震四海,刘备英雄无所用武,只能遁逃。当此之际,他问:对曹操,您是打算抗衡到底,还是将要"北面事之"?孙权反问他：刘备为什么就不肯顺从呢？诸葛亮便引田横"守义不辱"的故事，回答他：刘备乃"王室之胄，英才盖世，众士仰慕，若水之归海"，若不成功，那是天注定，他自己怎可屈于人下？

田横是秦朝时的齐人，汉高祖平定天下后，他带五百人逃到海岛，不愿"为亡虏而北面事之"，后来不得已自杀，跟随他的五百余人也都自尽。司马迁记载过这个故事，称"田横之高节，宾客慕义而从横死，岂非至贤？"（《史记·田儋列传》）对田横及五百壮士宁为玉碎，有很高的评价。曹操早年败给吕布、失掉兖州，袁绍来邀他联合，当时程昱就用了"将军之志，不如田横"的激将法，让曹操放弃了与袁绍的合作（《魏志·程昱传》裴松之注引《魏略》）。现在诸葛亮又以此来游说孙权，孙权还是个二十六岁的青年，他热血腾涌，跳起来发誓道："吾不能举全吴之地，十万之众，受制于人。吾计决矣！"于是，诸葛亮献上计策，如何统合刘备、刘琦手下的兵力，与孙权的数万军队"协规同力"，以抗击"远来疲敝"而成"强弩之末"的曹军，又如何在曹操败退后，巩固荆、吴的实力，形成鼎足之势。

据说当时吴人见曹操拿下荆州，形势甚盛，大多望风危惧，只有周瑜、鲁肃敢于"建独断之明，出众人之表"（《吴志·周瑜鲁肃传》），支持孙权抵抗曹操。鲁肃年长孙权十来岁，他甚至对孙权这样表示："今肃迎操，操当以肃还付乡党，品其名位，犹不失下曹从事，乘犊车，从吏卒，交游士林，累官故不失州郡也。将军迎操，欲安所归乎？"意思是如果我归顺曹操，总能经乡举里选得个一官半职，悠游士林，尽我的本分。问题是你归了他以后，还能做什么让自己安心的事情？（《吴志·鲁肃传》）这让孙权知道自己没有退路。

鲁肃和诸葛亮，一个说无退路、一个说有前途，使孙权义无反顾地与刘备并力迎战曹操。他派了周瑜等领三万兵会合刘备，在赤壁（今湖北省嘉鱼县）大破曹军，吴、蜀两军水陆并进，逼迫曹操退兵，退回北方。

魏、蜀、吴三分天下，鲁肃、诸葛亮谋划在先，但周瑜、黄盖以草船烧毁曹操舰船，才是"助先主取荆州"的关键，因此后来周瑜死时，庞统到吴送葬，鲁肃死时，诸葛亮也为之哀悼。

五

赤壁之战后，刘备还是让刘琦做荆州刺史，不过事实上，"荆楚群士从之如云"（《蜀志·刘巴传》），这样拖过一年，刘琦病死，他便正式据有荆州。这时，孙权将妹妹嫁过来，以巩固其联盟，不久，刘璋又招他入蜀，以讨伐张鲁。

益州原是"有天子气"的地方，殷盛富乐。汉灵帝时，刘焉为益州刺史，刘焉死，他儿子刘璋继任。而张鲁，则是从祖父张陵那一代起就客居蜀地，学道鹄鸣山（今四川省成都市大邑县）中，组织"五斗米道"。张鲁的母亲曾与刘焉关系密切，张鲁由此得为督义司马，被派驻汉中。刘焉死后，张鲁和刘璋渐行渐远，在汉中建立自己的队伍，

"雄踞巴、汉,垂三十年"。

刘璋"懦弱少断",他杀张鲁的母亲及其家人,对张鲁却是无奈。建安十六年,忽听说曹操有意向汉中讨张鲁,他怀疑曹操的真实目的,是借并张鲁"以取蜀土",便听从蜀郡张松的建议,邀刘备前来,既讨伐张鲁又阻击曹操。只是他没有料到,这也就是像巴郡太守严颜所说,无异于"独坐穷山,放虎自卫"(《蜀志·张飞传》裴松之注引《华阳国志》)。刘备之意,也不在张鲁。

得荆州后的刘备,据诸葛亮说,本来"北畏曹公之强,东惮孙权之逼,近则惧孙夫人生变于肘腋之下,当斯之时,进退狼跋"(《蜀志·法正传》),也并不好过。何况荆州这个地方,几经折腾,已如庞统所形容,土地荒残、"人物殚尽",单靠这一地,"鼎足之计,难以得志"。刘璋的邀约,来得正好,"今可权借以定大事"。

这样,在刘璋稀里糊涂"前后赠遗以巨亿计"的款待下,又在法正、张松等蜀人里应外合的支持下,刘备很快掌握了"蜀中阔狭,兵器府库人马众寡,及诸要害道里远近"等情报,反手攻击毫无防备的刘璋,于建安十九年(214)轻松取得成都,而为益州牧。诸葛亮助刘备平定成都有功,也获封军师将军,兼益州郡太守。

得益州,是蜀汉建国最关键的一步。这以后,刘备便与孙权平分荆州,然后又从曹操手里夺下汉中。诸葛亮曾经设想的"跨有荆、益",经过十年努力,终于变成现实。

建安二十五年,曹操死,汉献帝禅位于魏,曹丕登基为魏皇帝。这时，诸葛亮便以"曹丕篡弑，湮灭汉室，窃据神器"（《蜀志·先主传》）为由，劝刘备也称帝，他说这既是刘备以其汉家血统为号召的良机，"大王刘氏苗族，绍世而起，今即帝位，乃其宜也"，同时，也能让追随刘备的人不感到失望，"士大夫随大王久勤苦者，亦欲望尺寸之功"（《诸葛亮传》）。这样不足半年，刘备就在成都称汉帝，诸葛亮也做了蜀国丞相。

诸葛亮辅佐刘备，一心无二，据说贾诩就跟魏文帝讲，"刘备有雄才，诸葛亮善治国"，蜀国虽小，依山阻水，也难"卒谋"（《魏志·贾诩传》）。三年后刘备去世，刘备留下的话里，也有诸葛亮"才十倍于曹丕，必能安国，终定大事"。

六

刘备是为报孙权斩关羽之仇，率军伐吴而大败，病死在永安（今重庆市奉节县东）的。他向诸葛亮临终托孤，其中有"如其不才，君可自取"的遗言，又嘱咐刘禅，要对诸葛亮"事之如父"。刘禅登基时才十七岁，诸葛亮本来就是他的师傅，所以从建兴元年（223）起，蜀国便进入到一个"事无巨细，亮皆专之"的时代。

"事无巨细，亮皆专之"，是陈寿的说法，也许这就是在他写的《蜀志·后主传》里，建兴十二年诸葛亮死以前，内容几乎都是围绕着诸葛亮的行事，而少有后主本人言行的一个原因。过去，很多人强调诸葛亮是一个杰出的政治家，

"科教严明,赏罚必信,无恶不惩,无善不显",对于改造蜀地在刘璋时"纲维颓迟"的旧风气贡献极大,如当地人张裔也曾感慨:"公赏不遗远,罚不阿近,爵不可以无功取,刑不可以贵势免,此贤愚之所以佥忘其身者也。"(《蜀志·张裔传》)可是,诸葛亮这种事必躬亲的强势作风,也会令人感觉到苛刻和主观,损害到他大的事业格局。

诸葛亮有一个主簿杨颙,看到他不舍昼夜地处理公务,汗流浃背,就曾以治家之道作比喻,委婉地劝他说:"今有人使奴执耕稼,婢典炊爨,鸡主司晨,犬主吠盗,牛负重载,马涉远路,私业无旷,所求皆足,雍容高枕,饮食而已。忽一旦尽欲以身亲其役,不复付任,劳其体力,为此碎务,形疲神困,终无一成。岂其智之不如奴婢鸡狗哉?"(《蜀志·杨戏传》裴松之注引《襄阳记》)这是提醒他不要学"奴婢鸡狗"之辈,把精力都消耗在"碎务"上,到头来一事无成。话说到这个程度,可知在这个部下眼里,他的问题已经很严重。杨颙还说:"坐而论道谓之三公,作而行之谓之士大夫。"意思就是要他明白自己的位置,不必凡事都亲力亲为。

当时,云贵一带的牂牁四郡颇不安定,诸葛亮打算带人去征讨,他的部下、丞相长史王连就不赞成以"一国之望",他还要亲自去冒这个险,可是诸葛亮认为"诸将才不及己",他看谁都不放心,于是在建兴三年(225),"五月渡泸(金沙江),深入不毛之地"。南抚夷越,是《隆中对》时代早有的计划,诸葛亮在南中打了有半年,"七擒孟获",

对在当地夷人、汉人中都很有声望的孟获"七纵七擒"而不杀，使他心悦诚服，不仅与其他当地豪帅老老实实迁居成都，贡献赋税，还听任诸葛亮调集粮食兵马，"军资所出，国以富饶"。

诸葛亮在刘备去世后的头几年，掌管蜀国的治理，雷厉风行，可是他心里始终记挂的还是恢复中原，"终定大事"。在"治戎讲武"准备了一年以后，突然魏文帝去世，他便决定亲自带兵北伐。

七

北伐也是《隆中对》时代的决策。建兴五年（227），诸葛亮率二十万大军离开成都，进驻汉中，虽然这时距离他在隆中向刘备献计，已经过去了整整二十年，可是临行前，他上疏后主刘禅，仍然说："今南方已定，兵甲已足，当奖率三军，北定中原。"北定中原，是不变的目标。

这篇抄录在《诸葛亮传》里的上疏，有一个更广为人知的名字，叫"出师表"。由于它情感深挚，"沛然如肝肺中流出"（《冷斋夜话》），自收入《昭明文选》以来，一直被当作文学经典，传诵不绝。而见于张俨《默记》所引他在建兴六年写的另一篇上疏，也由此得名"后出师表"。

《出师表》的内容，前半部分是勉励年轻的刘禅，在"益州疲敝，此诚危急存亡之秋"的关键时刻，要有与大家同舟共济的勇气，不必妄自菲薄，也要能"亲贤臣，远小人"。后半部分是诸葛亮自己的表白，从他受刘备赏识而在先主最困难的时刻,"受任于败军之际,奉命于危难之间"讲起,到接受刘备托孤以来,如何为"报先帝""忠陛下",夙夜兴叹,南征北讨,然后说现在"陛下托臣以讨贼兴复",成功便罢,不成功,"则治臣之罪,以告先帝之灵"。上表的最后,是:"今当远离,临表涕零,不知所言。""不知所言"而言,表达的是他沉重、复杂的心情。也正是由于这样的一个表达,使后人在体会到他强烈的忠诚和责任感之余,总能觉察一丝孤独和悲凉,由此,唐代诗人杜甫才在成都武侯祠写下了"三顾频烦天下计,两朝开济老臣心。出师未捷身先死,长使英雄泪满襟"(《蜀相》)的诗句。

晋人张辅作过一篇《乐葛优劣论》,是拿乐毅和诸葛亮做比较。当然,他认为以"睹孔明之忠,奸臣立节",乐毅是无法与之相比的。这是批评乐毅在燕昭王死而惠王立的时候,选择了捐燕归赵。有趣的是,乐毅离开燕的时候,也写过一份《遗燕惠王书》,说明他离开燕国的原因,是"恐伤先王之明,有害足下之义"。乐毅过去受燕昭王器重,"立之于群臣之上",他便尽全力助昭王攻下齐国,但他也很清楚,"善始者不必善终",伍子胥就是由于不懂得吴王夫差比不了他父亲阖闾的心胸,而被夫差赐死,这个教训,让他坚信"立身免功"才是为臣之道。燕惠王体谅乐毅,便让他自由往来于燕、赵,做两国的客卿。

诸葛亮本是有心做乐毅式的人物,他和乐毅一样,现在也是老臣面对新主,可不同的是,乐毅生活的战国时代,尚有"忠臣去国,不洁其名"的空间,这个空间,在三国时已经变得很小。三国鼎立，虽然目标一致，都是要恢复大汉天下，但诸葛亮只能从一而终，"夙夜忧叹，恐托付不效，以伤先帝之明"。《出师表》的内容，因此就和乐毅的《遗燕惠王书》相当不同，千言万语，纸短情长，倾诉的都是对先帝的忠诚、对后主的责任。

八

诸葛亮北伐，自建兴六年（228）到十二年（234）他去世，据统计前后出兵七次、交战五次。

一开始，他围攻祁山（今甘肃省礼县），不仅出乎魏国的预料，蜀军的"戎陈整齐，赏罚肃而号令明"，也震动了关中，南安、天水、安定三郡闻风响应。魏明帝登基不久，大为紧张，亲自到长安督战。可是，当诸葛亮派出的先锋马谡在街亭（今甘肃省秦安县东北）与张郃相遇，一仗就败下阵来。

马谡是诸葛亮喜欢的人，因为他"才器过人，好论军计"，虽有刘备"马谡言过其实，不可大用"的提醒，他也并没放在心上。三年前征南中，由于马谡有"攻心为上"的建议，使他"赦孟获以服南方"，这样，对马谡的喜爱便又加了一分。这一次，他所以"违众拔谡"，刚开始完全是孤注一掷，却不料出师不利，最后只得挥刀斩马谡，以示"用法明也"，同时"自贬三等"，作为"明不知人，恤事多暗"的自我惩罚。

第二年，孙权在武昌即皇帝位，建吴国，与诸葛亮派遣的使者重申盟约："戮力一心，同讨魏贼""各守分土，无相侵犯"。盟约中还特别提到诸葛亮"典戎在外,信感阴阳,诚动天地"(《吴志·吴主传》),这无疑是对他不改初衷的肯定与支持。

建兴九年(231)春,他再攻祁山,与司马懿、张郃对阵,坚持了四五个月,直到粮尽而退,但是杀了张郃。秋冬时节,据说有上千只鸟在飞往南方途中坠江而死,舆论认为这是对诸葛亮不利的信号,预示他"连年动众,志吞中夏,而终死渭南"(《宋书·五行志》)。

此后,他一边休战屯田,储存粮食,一边教兵讲武,并改进作战武器和运输设备。战争激烈而又胶着,当建兴六年底,他率领几万人包围陈仓(今陕西省宝鸡市)时,对方守城的郝昭手下才有几千人,僵持了二十多天,怎么也攻不进去。他用云梯、冲车往里冲,郝昭便拿火箭射、石磨砸,他居高射箭、缘城攀登,郝昭便在城中筑高墙,他挖地道往里钻,郝昭也掘地阻挡(《魏志·明帝纪》裴松之注引《魏略》)。没有办法,他便琢磨着改进武器装备,一是造出可以连续发射的弩,取名"连弩";二是造出运输的车辆,取名"木牛""流马"。他还"推演兵法,作八阵图",用于训练和打仗。杜甫有诗说他"功盖三分国,名成八阵图"(《八阵图》),这个八阵图,据《水经注》说,在四川奉节的南江和陕西诸葛亮墓附近都有,是以细石垒成,日本的宫川尚志则以为它是一种用在平地防御的阵法,东汉时的大将窦宪已经用它打过匈奴,诸葛亮大概就是在这一基础上加以改造的,诸葛亮之后,又有晋人马隆、陈勰给以继承(宫川尚志《诸

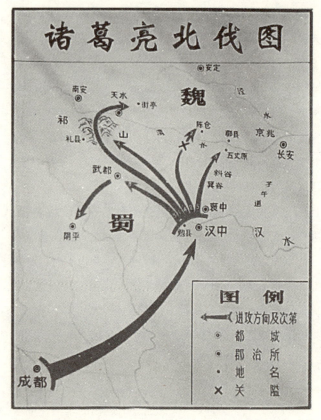

诸葛亮北伐示意图

葛亮：三国志とその时代》)。

经过两年的筹备，建兴十二年春，带着新的武器装备和全部军力，诸葛亮屯兵五丈原（今陕西省岐山县），准备与司马懿决一死战。然而，司马懿料定他的后勤补给不足，便采取"坚壁拒守以挫其锋"的战略，以逸待劳，不管他怎样挑衅，就是不回应，使他进退两难。魏蜀两军在渭南相持了好几个月，终于，有蜀国使者来说："诸葛公夙夜兴寐，罚二十以上，皆亲览焉，所啖食不过数升。"司马懿知道他这样焦虑，不可能维持太久。果然冬天还没到，诸葛亮就病死在军中。

据说当时"有长星赤而芒角，自东北，西南流，投亮营，三投再还，往大还小"（《宋书·天文志》），有人说这象征着诸葛亮生命的消逝。

九

刘备托孤给诸葛亮，不过十二年，诸葛亮便去世，终年五十四岁。当刘备死时，他还是个曾"许先帝以驱驰"的中年人，据说也是"臣妾号咷，如丧考妣"，内心一度无助得很，可是，他也很快记起"进欲龙骧虎视，苞括四海，退欲跨陵边疆，震荡宇内"的夙愿，决定要继续完成他们既定的目标，所以在生命的最后十年，几乎是加速度一样地"用兵不戢，屡耀其武"（陈寿《诸葛氏集序》），而非根据形势变化，立足于现实，围绕后主制定新的规划。

对于诸葛亮的这一决策，早在建兴六年，他刚进驻汉中时，魏明帝就以公开的方式加以声讨，说他这是"外慕立孤之名，而内贪专擅之实"，对刘禅和益州都极端不负责任，结果也必将适得其反，正如"反裘负薪，里尽毛殚；刖趾适履，刻肌伤骨"。魏明帝还嘲笑他的狭隘、固陋，说他就像是"行兵于井底，游步于牛蹄"（《魏志·明帝纪》裴松之注引《魏略》)。

如果说这是出于对手的舆论战,不值得相信,那么,从"连年出军,调发诸郡,多不相救"(《蜀志·吕乂传》)的蜀国内部情况看,对他的做法,蜀人中也不是没有异议。打仗需要兵力,农耕也需要劳力,在诸葛亮治蜀的头几年,虽然也赢得了"田畴辟,仓廪实,器械利,蓄积饶"(《诸葛亮传》裴松之注引《袁子》)的局面,可是接下来的无岁不征,很快就像张俨说的那样,"使国受其荒残"。诸葛亮动辄又要征调数万或十万兵力,自然也屡屡陷入粮食和军力危机。

还在建兴六年包围陈仓的时候,张郃"屈指计亮粮不至十日"(《魏志·张郃传》),就曾料定他坚持不久。建兴九年他再次出兵,又因为李严负责的粮食未能及时运到,而"粮尽退军"。李严原来是和他一道受命辅佐后主的,两人同心协力,一直都合作得很好,这一次却彻底关系破裂,他以前所未有的激烈态度,抨击李严一贯"尚为小惠,安身求名,无忧国之事",坚决要求将李严废为平民。东晋的习凿齿后来看到这一段,都很替李严抱不平,说过去管仲"夺伯氏骈邑三百",伯氏确实没有意见,而李严怎能不怨?诸葛亮用刑之苛刻,"自秦汉以来,未之有也"(《蜀志·李严传》裴松之注引)。

在驻守汉中的晚年,能够为诸葛亮信任的,也越来越多是能够围绕着他的战争计划,提供后勤保障的人。譬如杨仪,就是在他几次出兵时,"规划分部,筹度粮谷,不稽思虑，斯须便了"，而被他视为有才干的人（《蜀志·杨仪传》），还有蒋琬，也是因为"足食足兵以相供给"，而获得他的信赖，甚至密报后主："臣若不幸，后事宜以付琬。"（《蜀志·蒋琬传》）

司马懿曾判断"蜀国小民疲，资力单竭"（《魏志·钟会传》），势必要被连年的战争拖垮，对这一点，诸葛亮也并非毫无意识。汉代共有十三州，三国时的蜀只占其中一个益州，物资、兵员都不占优。蜀地产锦，"三国时魏则市于蜀，而吴亦资西蜀"（寇谦之《丹阳记》），因此锦是蜀的一个重要财政来源，到后来，诸葛亮也承认"今民贫国虚，决敌之资，唯仰锦耳"（《太平御览》引《诸葛亮集》）。但是，这也并没有让他放弃"蹋涉中原，抗衡上国"的决心，他总以为蜀国上下，在这种困难的局面下，唯他一人，尚有"兴复汉室，还于旧都"的胸怀。他最放不下的就是北伐，北伐是他的使命，也是他的宿命，即使是在病重期间，他与杨仪、费祎、姜维等人已经秘密商定了他死后退兵的计划。

东吴的张俨写过一部《辅佐篇》，拿司马懿和诸葛亮做比较。他很同情诸葛亮带着仅有魏国九分之一的战士人民，坚持反抗北敌，称赞他"慨然有饮马河洛之志"。他对诸葛亮的北伐，也有自己的评断，认为乐毅"以弱燕之众，兼从五国之兵"，都能"长驱强齐，下七十余城"，诸葛亮率领的蜀军不比燕军人数少，他们君臣间的互信，也比乐毅和燕王更加牢固，又有东吴为唇齿之援，北伐的决定，一点错都没有。在日本，有很多崇拜诸葛亮的人，也往往是佩服他有这么一股不服输的劲头,江户时代有名的思想家平田笃胤（1776—1843）就说过,诸葛亮完全是为了信誉北伐,这种置成败于不顾的精神,也正是他打动人的地方。

从建兴五年到汉中,这以后,诸葛亮再也没有回过成都,死后就葬在定军山。他一生为蜀国鞠躬尽瘁,"内无余帛,外无赢财",刘禅表彰他受遗托孤,"继绝兴微,志存靖乱",赠予他忠武侯的谥号,过了二十多年,在蜀汉亡国的前夜,又叫人在他墓地附近修了一座武侯庙。

十

在诸葛亮死前一年,陈寿出生。据陈寿说,许多年后,蜀人怀念和歌颂诸葛亮,就像《诗经》里歌唱周时的召公、《左传》里记述郑人赞美子产一样,并且爱屋及乌,对他的儿子诸葛瞻也倍加表扬,有时都过了头,"没声溢誉,有过其实"。

而在魏国,从魏明帝时代起,也就知道诸葛亮是蜀国实际的掌权人,譬如曹植在魏太和六年也就是蜀建兴十年（232）的一篇上疏里,发誓要"禽权馘亮"（《魏志·陈思王植传》）,就是把诸葛亮和孙权等量齐观,视为代表蜀、吴的头号敌人。诸葛亮死后,他的对手司马懿特意去参观他治下的军营,也赞叹他是"天下奇才"。

蜀亡以后,晋武帝即司马懿的孙子司马炎对诸葛亮也还是有极大兴趣,认为"诸葛亮在蜀,尽其心力,其子瞻,临难而死义,天下之善一也"（《诸葛亮传》裴松之注引《晋泰始起居注》)。他向樊建打听诸葛亮的治国良方，听樊建说是"闻恶必改，而不矜过，赏罚之信，足感神明"，便不由得感慨，说："使我得此人以自辅，岂有今日之劳乎？"(《诸葛亮传》裴松之注引《汉晋春秋》) 司空张华亦曾好奇地询问蜀国来的李密："孔明言教何碎？"李密回答：因为他发布的政令、告示都是针对普通人的，讲的自然是些平常琐屑的事情。

李密和陈寿都是蜀国"硕儒"谯周的弟子。谯周以一介平民而受诸葛亮提拔，对他感恩不尽，据说当初诸葛亮死讯一到，在禁令发布以前，他已经火速奔往营地。李密对诸葛亮的了解和回护，大概跟谯周有关，而陈寿也或许就是因为这一层关系，接受了西晋中书省的官方委托，整理诸葛亮遗留的文字，从他的言教书奏中选出十万余字来，于泰始十年（274）编定《诸葛氏集》。这一年，恰好是诸葛亮去世四十周年。

按照过去编书的惯例，陈寿为《诸葛氏集》写了一篇序，这篇《诸葛氏集序》，就收在《蜀志·诸葛亮传》里。序的前半段是这部集子的目录，从"开府作牧"到"军令"，总共二十四篇目，后半段介绍诸葛亮生平，也不妨说是《诸葛亮传》的一个缩写。其中，尽管有"诸葛亮之为相国也，抚百姓，示仪轨，约官职，从权制，开诚心，布公道"，"终于邦域之内，咸畏而爱之"(《诸葛亮传》)这样的褒扬，在受命而作的这篇《序》中，陈寿还是就诸葛亮的一生，作了如下检讨："然亮才，于治戎为长，奇谋为短，理民之干，优于将略。而所与对敌，或值人杰，或众寡不侔，攻守异体，故虽连年动众，未能有克。"大意是说他有本事把蜀国治理得井井有条，可是最终战胜不了魏国，是因为对手高强，而他自己也缺少"奇谋""将略"。陈寿又说：既为丞相，便要懂得为相为将的分别，知道才不可兼得，要如管仲之推荐王子成父、萧何之推荐韩信。这又仿佛是在暗示诸葛亮不知其分寸，眉毛胡子一把抓。这些评价，陈寿后来也都写在《诸葛亮传》里，总结为："可谓识治之良才，管、萧之亚匹矣。然连年动众，未能成功，盖应变将略，非其所长欤？"

过去，有人怀疑陈寿对诸葛亮的检讨，"以爱憎为评"，是出于他父亲为马谡参军，马谡被斩，连累他父亲被髡头的原因。也有人说是由于诸葛瞻看不起陈寿，使他心存报复（《世说新语·排调》注引王隐《晋书》）。还有人说陈寿曾为诸葛亮门下书佐，被挞百下，让他一直憋着火（《魏书·毛修之传》）。这些都是猜测之词、无稽之谈。实际上类似陈寿的批评，至少在诸葛亮生前，就已见于杨颙的委婉提示和魏明帝的公开责难，说明这也不是陈寿一个人的看法，舆论纷纷，是早已有的。

诸葛亮死时，后主刘禅二十九岁。尽管后来人嘲笑刘禅是扶不起的阿斗，但他领导的蜀国，在此后三国不断的形势变化中，又延续了近三十年，只不过再也没有出现诸葛亮那样光彩夺目的人物。

第十讲　虎踞龙盘帝王洲
——《吴志·吴主传》

一

魏、蜀、吴三国，吴建国最晚。当二二九年孙权（182—252）即皇帝位时，已是魏明帝太和三年、蜀后主建兴七年，魏、蜀两国都是第二代人掌权了，孙权原本比魏文帝还要大几岁，比魏明帝和蜀后主年长有二十几岁，现在他却成了"最年轻"的皇帝。

孙权的登基仪式，是在武昌举行。武昌过去叫"鄂"，魏文帝即位的第二年（221），刘备在蜀称帝，孙权把治所从公安迁到鄂，改名武昌。他在这里受魏文帝之封，为吴王，后来称帝。称帝后过了几个月，才迁到建业（今南京市），所以后来左思写《吴都赋》，就讲"起寝庙于武昌，作离宫于建业"。

建业原来叫秣陵，建安十六年（211），孙权以秣陵为治所，第二年改其名为建业，并修石头城。提出以建业为都建议的张纮，广陵人（今江苏省扬州市），年轻时入太学，有学问，文章、书法也好。他告诉孙权：秣陵是楚武王所置，从前叫金陵，秦始皇巡行会稽经此，听人讲"金陵地形有王者都邑之气"，便挖掘连冈、割断地脉，改名秣陵，但是"地有其气，天之所命"，轻易不会被破坏掉，这里依然最适合作都城（《吴志·张纮传》裴松之注引《江表传》）。传说诸葛亮也看过地形，大为称赞，说："钟山龙盘，石头虎踞，此乃帝王之宅也。"（《建康实录》卷二注引张勃《吴录》）于是，建业被选中，就成了后来东吴的国都。

　　三国中，魏是继承东汉，仍以洛阳为都，蜀是接受了刘焉为益州牧时的治所，以成都为都，只有吴以建业为都，是一个完全新的举措。过去江南的中心地是在吴（苏州）和会稽（绍兴），因此建业的规划，一开始也还是模仿吴，"阐阖闾之所营，采夫差之遗法"（《吴都赋》）。

　　建安十六年，孙权从京口（镇江）迁来，修建了将军府，即建业宫，是建业的第一座重要建筑。当时条件有限，用的"材柱率细"，过了几十年，"皆以腐朽"，因此在赤乌十年（247），孙权下令从旧的武昌宫运来瓦片木料，重加修缮，改造为太初宫，"方长三百丈"。不过太初宫修好，也就五年，孙权便去世了。

　　宝鼎二年（267），孙皓在太初宫的东侧，又修了一个"周长五百丈"的更大的宫殿，叫昭明宫。此前他听信"荆州有王气破扬州，而建业宫不利"的传言，迁都武昌，在那儿过了一年才回来，回来后就要修昭明宫，为了赶工，当时还把两千石以下的官员都动员起来，让他们到山里去监督采木头。昭明宫修得富丽堂皇，山水园林、楼观堂殿之外，还有许多奇石珠玉的装饰，满目琳琅。

孙权像

　　太初宫的南面，是太子住的南宫，维修太初宫时，孙权也在此短暂居住。南宫之西，为西苑，是孙权长子孙登所修。从太初宫出来，是笔直平坦的御道，据左思《吴都赋》描写，御道两旁有树木、水渠，即"朱阙双立，驰道如砥，树以青槐，亘以绿水"，另外，就是整齐的官署，"列寺七里，侠栋阳路，屯营栉比，廨署棋布"。

　　建业城里也有居民住宅，其中既有"高门鼎贵，魁岸豪杰"，如"虞、魏之昆，顾、陆之裔"，都是吴的中流砥柱，也有"任侠之靡，轻訬之客"，往来于江湖之上，"缔交翩翩，傧从奕奕"。而最热闹的，还要数秦淮河两岸的大市、东市、北市这三大市场，是南北货物的集散地，"混品物而同廛,并都鄙而为一",因此有车马行船、男女老少在这里川流不息,"士女伫眙,商贾骈坒。纻衣缔服,杂遝综萃。轻舆按辔以经隧,楼船举帆而过肆",买卖兴隆、热闹非凡。

孙吴以建业为都,历经五十年,把一个原本没有什么基础的地方,变成了江南的政治、经济、文化中心。西晋灭吴以后,虽然它一度被改回原来的名字秣陵,可是永嘉元年(307),琅琊王司马睿为安东将军、都督扬州江南诸军事,镇建邺(避晋愍帝司马业讳,改"业"为"邺"),最后还是在这里登基为晋元帝,建立起东晋王朝。建邺改名为建康,再一次成为首都,以后宋、齐、梁、陈都不变。

而为这三百多年历史的六朝古都奠定第一块基石的,正是孙权。

二

据说刘备曾在京口问孙权:这里距吴几百里,一旦有紧要事发生,并不能马上救急,你不会常住这里吧?孙权回答:秣陵临着大江,可以停大船,我正营建水军,首选当然是秣陵。刘备便又问:那么芜湖也是不错的,离濡须口也不远。孙权回答:我打算取徐州,秣陵更近一点(《吴志·张纮传》裴松之注引《献帝春秋》)。

这一段对话,说明孙权建都,有地理、军事方面的诸多考虑,其中刘备问的第一条最重要,就是说它首先要能提供与吴密切互动的方便。选择建业为都,很关键的一点,就是它离吴比较近，而吴是孙权的大本营。

孙权家世代为吴郡富春（今杭州市富阳区）人，他父亲孙坚（155—192）在汉末立有军功，官至长沙太守。初平三年（192），孙坚受袁术指派攻打刘表，在襄阳城外的岘山被杀，时年三十七岁。

孙坚死后，孙权的长兄孙策（175—200）和母亲一起投靠舅舅吴景。他母亲吴夫人也是吴人，生有孙策、孙权、孙翊、孙匡等四男一女，从孙策少年时，就陪他在舒（今安徽舒城县），结识了周瑜及江淮士大夫，以后也一道辗转江都（今江苏省扬州市江都区）、曲阿（今江苏省丹阳市）、历阳（今安徽省和县）、阜陵（今安徽省全椒县）等地。当时吴景为丹杨太守（治所在安徽宣州），孙策从堂兄孙贲为丹杨都尉，孙策就带着他父亲留下的几十匹马和千余人，"收合流散，东据吴会"（《吴志·孙讨逆传》裴松之注引《吴历》），协助吴景平定江东，"所向皆破，莫敢当其锋"。孙策的叔叔孙静也来襄助，攻占会稽。建安元年（196），孙策自命会稽太守，仍以吴景为丹杨太守，孙贲、孙辅兄弟为豫章和庐陵太守，丹杨朱治为吴郡太守。这时，他和袁术也分道扬镳，接受汉献帝的拜将封侯，但在建安五年（200）意外地遇刺身亡，只有二十六岁，留下"中国方乱，夫以吴越之众，三江之固，足以观成败"的遗言（《吴志·孙讨逆传》）。

孙权接受父兄遗产，在孙策死后，为讨虏将军、领会稽太守，驻守吴。他母亲陪伴他，也参与许多重大决策。据《吴志·周瑜传》裴松之注引《江表传》说，建安七年

（202），曹操叫孙权送儿子去做人质，孙权同张昭、秦松等商量，这些人都拿不定主意，他便找了周瑜一道去见吴夫人，"诣母前定议"。孙权、周瑜是不肯屈从，吴夫人也毫不犹豫地支持，并且嘱咐孙权："公瑾（周瑜字公瑾）与伯符（孙策字伯符）同年，小一月耳，我视之如子也，汝其兄事之。"建安十三年，周瑜自信十足地在赤壁击退曹操，为吴与魏、蜀三分天下，赢得最重要的一仗，与他同孙策自少年便"独相友善"，早已结下"升堂拜母，有无通共"的友情，不无关系。他们两人分别娶了桥公的女儿大桥、小桥，已经是连襟，后来周瑜的女儿又嫁给孙权的儿子孙登，周瑜的儿子也娶了孙权的公主，更是亲上加亲。

还有一个张纮，本来是孙策身边很重要的谋士，据《张纮传》裴松之注引《吴书》说，当孙权继承父兄之业后，吴夫人也多次给他写信，"太夫人以方外多难，深怀忧劳，数有优令辞谢，付属以辅助之义"，恳请他就像对待孙策一样继续帮助孙权。孙权对张纮也相当尊重，采纳了他的意见，以秣陵为都。

吴夫人死于建安七年，《资治通鉴》记为建安十二年。当初孙坚仰慕她才貌出众，来提亲，吴家人嫌孙坚"轻狡"、靠不住，本来是要拒婚的，吴夫人担心家人因此受报复，同意嫁给孙坚。孙坚死后，她又肩负起母亲兼父亲的责任。她父母早逝，只有一个弟弟吴景，跟着她，先是为孙坚手下主力，后来帮助孙权，死于建安八年（203）。吴景的儿子吴安后来卷入太子孙和与鲁王孙霸的"二宫构争"，因支持孙霸，

周瑜像

受牵连而死;他还有一个儿子吴纂,是滕胤的女婿,最后也因滕胤案被害。

当孙权最初接受父兄遗产时,"天下英豪布在州郡,宾旅寄寓之士以安危去就为意,未有君臣之固"(《吴主传》),就是说他身边的人都没有跟他结为"君臣"关系,相互之间并不存在制度或道义上的责任及约束,他对家族的依赖性很强。首先孙氏家族,如陈寿所说,"或赞兴初基,或镇据边陲,克堪厥任,不忝其荣者乎?"(《吴志·宗室传》)其中最重要的,一是他的弟弟孙翊、孙匡。孙翊"骁悍果烈,有兄策风",建安八年为丹杨太守。孙匡早夭,但他娶的是曹操弟弟的女儿。孙权还有一个妹妹，也嫁了荆州牧刘备。这种出于政治目的的联姻，在汉末、三国之初，对于协调魏、蜀、吴的关系，颇有意义。还有，就是他叔叔孙静以及孙静的儿子亦即他的几个叔伯兄弟。孙瑜在孙翊遇刺后，立刻接任丹杨太守，和周瑜并肩作战。孙皎几次在濡须阻止曹操，号为精锐，擒关羽、定荆州，都立有战功。孙奂领江夏太守，黄武五年（226）协助孙权攻打石阳。又有他的伯父孙贲、孙辅兄弟，孙贲的女儿还嫁给了曹操的儿子曹彰。其次，则是他母亲吴夫人家也给了他最大的支撑。

因此，吴国的兴起，也可以说是家族的事业，这是江南的吴与中原的魏、西南的蜀不大一样的地方。后来孙匡的孙子孙秀担心被孙皓所害，于建衡二年（270）"夜将妻子亲兵数百人奔晋"，而等到孙皓也向晋投降，他感慨孙策所创大业一夜间灰飞烟灭，面朝南方故国涕泗横流地说："昔讨逆弱冠以一校尉创业，今后主举江南而弃之，宗庙山陵，于此为墟。悠悠苍天，此何人哉！"

三

富春孙氏，在孙坚以前，世世代代都是郡县小吏，并不是最有势力的家族。孙策年轻时，结交了庐江周瑜、彭城（今江苏省徐州市）张昭，孙策死后，孙权待张昭以师傅之礼，并以周瑜、孙坚及孙策时代的大将程普、孙策时代的将军吕范为将帅，又因周瑜和姐夫阿弘的引荐，新聘了鲁肃及诸葛亮的哥哥诸葛瑾，构成他最初的骨干队伍。

程普是右北平（今河北省唐山市）人，吕范是汝南（今河南省驻马店市）人，鲁肃是临淮人（今安徽省定远县），诸葛瑾是琅琊（今山东省临沂市）人，这些人来自四面八方，各有所长，都有功于吴的建国，是吴国第一代功臣。但周瑜死在建安十三年赤壁之战后不久，鲁肃死在建安二十二年，"先出诸将，（程）普最年长"，死在孙权称帝前，吕范也死在黄武七年（228），孙权登基以前。张昭死于嘉禾五年（236），但他在孙权称帝后即以老病告退；诸葛瑾死于赤乌四年（241），他却为人弘雅谨慎。

这以后，便如陆凯所说，"先帝外仗顾、陆、朱、张，内近胡综、薛综"，开始了吴人主政的时代，"是以庶绩雍熙，邦内清肃"（《吴志·陆凯传》）。陆凯本人就是吴郡吴人，黄武初年开始为地方长官，孙皓时官至荆州牧、左丞相。他在给孙皓的上疏中提到的为孙权倚仗的顾、陆、朱、张，都是吴地大姓，这几个大姓，或者与孙权之间，或者是互相之间，还有婚姻亲戚关系。

顾指顾雍（168—243）。孙策死后，孙权领会稽太守，以顾雍为丞，派他去会稽实际行使太守权力，"讨除寇贼，郡界宁静，吏民归服"。黄武元年（222），孙权封吴王，顾雍领尚书令，四年（225）接替孙邵为丞相。这时候，顾雍从吴接他母亲过来，孙权"亲拜其母于庭，公卿大臣毕会，后太子又往庆焉"，既亲切又隆重。顾雍长子顾邵娶的又是孙策的女儿，因此，孙、顾两家的关系非比寻常。顾雍为丞相十九年，至赤乌六年（243），七十六岁时去世，据说他为人极其稳重，时常是在私下里与孙权交换意见，"若见纳用，则归之于上，不用，终不宣泄，权以此重之"（《吴志·顾雍传》），而孙权也对他很照顾，在他垂危之际，特意安排他小儿子为骑都尉，令他安心。

陆是指世代为江东大族的陆康一门。陆康为汉末庐江太守，死于孙策受袁术指派攻打庐江时，从此陆家便由他的从孙陆逊（183—254）"纲纪门户"，他儿子陆绩小陆逊几岁，后来在孙权手下，因率直而被外放做郁林太守，死在南方。

陆逊二十一岁入孙权幕府，并娶孙策女儿。他的有名，主要是在建安二十四年，与吕蒙率军攻打关羽，"尽虏羽士众妻子""斩羽及子平"，以定荆州。而当刘备前来替关羽报仇时，又率五万人前往阻击，大破蜀军，刘备夜遁白帝城，羞惭难当："吾乃为逊所折辱，岂非天邪！"不久死于当地，诸葛亮也只好求和。孙权拜陆逊为辅国将军，领荆州牧。黄武七年，陆逊又在皖（今安徽省安庆市西）击败曹休，曹休背上疽发而死，吴军凯旋过武昌，孙权"令左右以御盖覆逊"，给他以最高嘉奖。翌年，孙权称帝，陆逊为上大将军。孙权迁都建业，留下陆逊辅佐太子孙登。顾雍死后，赤乌七年，代顾雍为丞相，最后因"二宫构争"案"愤恚致卒"。

陆逊的儿子陆抗，即孙策外孙，在父亲死后，领其兵屯柴桑，又都督西陵。孙皓时，领益州牧，都督信陵、西陵、夷道、乐乡、公安诸军事，拜大司马、荆州牧，死于吴亡之前。陆抗的儿子陆晏、陆景后来也都为抵抗晋军而死。陆逊还有弟弟陆瑁，在嘉禾元年拜议郎、选曹尚书。而陆凯则是陆逊的族子。

朱是指朱桓。他也是很早就入孙权幕府，先在吴和会稽一带，安抚民众，征讨山贼，后为濡须督，于黄武二年（223）迎战曹仁，斩魏将常雕，迁奋武将军、领彭城相。黄武七年，朱桓助陆逊攻打曹休。孙权登基，拜他为前将军，领青州牧。赤乌元年（238）死后，他儿子朱异代父领兵，拜镇南将军。

朱异有从父朱据，黄武初年拜五官中郎将、建义校尉，屯兵湖孰。黄龙元年，娶孙权小女儿鲁育。赤乌九年，迁骠骑将军。后因"二宫构争"，被赐死。

张主要指张允父子。张允"以轻财重士，名显州郡"，他做过孙权手下，但死得早，他儿子张温，被顾雍许为"当今无辈"，拜议郎、选曹尚书，为太子太傅，"蒙最隆之施"。张温"才藻俊茂"，受命出使蜀国，"声名大盛"，使孙权心里不舒服，担心他不易控制，借故把他关起来，几年后去世。他的两个弟弟也都被废，他的妹妹本来是嫁给顾雍孙子顾承的，也被强令改嫁许氏，他妹妹不肯，结婚之日，饮药而死。

过去人形容"张文，朱武，陆忠，顾厚"（《世说新语·赏誉》），是讲这四个吴人家族门风不同，张家有文采，朱家出武将，陆家最忠诚，顾家最厚道。与张昭、周瑜那一代功臣往往追随过孙坚、孙策不同，这四个家族里的重要人物，如顾雍、陆逊、朱桓、张温，都是孙权自己用的人，是孙权在建立吴国过程中最倚重的力量。

吴地除了这几个大姓，还有像陆机在《吴趋行》里唱到"八族未足侈，四姓是名家"的"八族"，也就是陈、桓、吕、窦、公孙、司马、徐、傅家。此外，会稽也有如虞、魏、孔、贺等有名的家族，即左思所说"虞魏之昆"，是吴国的中坚。

所以选择以建业为都，就是考虑到建业离吴、会稽不远，可以充分利用这些大家族的势力和乡土资源。

由于孙权一开始依靠的主要是吴人，到建安末年，陆逊领宜都太守的时候，就发现必须要为荆州人士呼吁，给他们以出路："今荆州始定，人物未达，臣愚慺慺，乞普加覆载抽拔之恩，令并获自进，然后四海延颈，思归大化。"而与荆州人士得不到重用的情形相反，黄武三年以前，在吴，却是"公族子弟及吴四姓多出仕郡，郡吏常以千数"（《吴志·朱治传》），也就是说，在孙权为吴王以至他称帝的几年间，优先录用吴这几大家族包括孙氏家族的人，特别依赖他们的趋向，是只增不减。到孙权晚年，太子孙和与鲁王孙霸互相竞争，各自拉拢自己的势力，"中外职司，多遣子弟给侍"（《吴志·陆逊传》），很多重要的位置也就被这些大家子弟给占据了。

这种对于家庭关系和家族力量的格外重视，也成了东吴社会与政治的一个特点。

四

吴之所以立足江南，光靠吴和会稽，当然还是不够。

陈寿评价孙权，说他"屈身忍辱，任才尚计，有勾践之奇，英人之杰"，讲的就是他有先天不足，故与魏、与蜀打交道，要"屈身忍辱"，能伸能屈。而这先天不足中的一个最大麻烦，便是《吴志·吴主传》记载他黄武元年向魏文帝"卑辞上书，求自改厉"时，提到的"扬、越蛮夷多未平集，内难未弭"。

扬、越蛮夷，主要指的是生活在当时扬州、荆州、交州一带的山地居民，在《三国志》里，又称山越、山贼、山寇。如何治理山越，是研究吴国历史的人谈论最多的话题，按照唐长孺的意见，这些人就相当于秦汉时期的越人，当他们中的一部分退入山中偏僻之地，便成了山越（《孙吴建国及汉末江南的宗部与山越》）。山越广泛地存在于江南的高山峻岭，出没无常，不容易管理，所以孙权这边向魏文帝求和，那边让张温去蜀国，向诸葛亮解释他为什么与曹氏和解，也是说："若山越都除，便欲大构于蜀。"（《吴志·张温传》）直到黄武五年（《吴志·全琮传》记为七年），他登基前两年，由于丹杨、吴和会稽的"山民复为寇贼，攻没属县"，他还在这三郡交集的深险之地特设了东安郡，派吴人全琮为太守，专门前往治理，在全琮"招诱降附，数年中，得万余人"后，又撤销该郡（《吴志·全琮传》）。

在吴国，最早提出治理山越之策略的是陆逊。陆逊世代为江南人，对本地的山越及地况都比较了解，他自己手下最初的战士，有的就是在吴、丹杨、会稽一带征求"伏匿"，从大山里面带出来的。在打掉几个最顽固的"贼帅"以后，

"宿恶荡除，所过肃清"。他将俘获的山越，强壮的纳入军中、羸弱的编入户籍，"强者为兵，羸者补户"。所以，当孙权跟他商谈世务时，他根据自己的经验，首先建议："方今英雄棋跱，豺豹阚望，克敌宁乱，非众不济。而山寇旧恶，依阻深地。夫腹心未平，难以图远，可大部伍，取其精锐。"

陆逊认为山越可敌可伍，应该充分利用、化不利为有利因素，是因为他把眼光放在江南，希望尽可能开发和利用江南本身的资源。像陆逊一样，潘濬凭着自己武陵（今湖南省常德市）人的优势，也曾于黄龙三年，率五万人征讨叛乱盘结的"武陵蛮夷"，"斩首获生，盖以万数"（《吴志·潘濬传》）。

诸葛瑾的长子诸葛恪对治理山越也很有兴趣，他还表示丹杨山势险峻，"民多果劲"，个个都很厉害，陆逊才不过清了清外围，"其余深远，莫能禽尽"。他因此再三请求去做丹杨太守，自称"三年可得甲士四万"。一般人包括诸葛瑾都不相信他能成功，大家都说丹杨与吴郡、会稽、新都、鄱阳四郡相邻，重峦叠嶂，大山深处的居民"未尝入城邑，对长吏"，从没接受过"文明"的洗礼，只知道"仗兵野逸"，登山赴险，"若鱼之走渊，猨狖之腾木"。这个地方产铜，他们也就制造了兵器，逮住机会，便"出为寇盗"。可是你要去抓他们，他们要不就躲进洞窟，要不"其战则蜂至，败则鸟窜"，总之是很难控制。诸葛恪不听，于嘉禾三年（234）八月坚持去了丹杨。他不征也不剿，只是坐等粮食将熟，马上收割得干干净净，"使无遗种"。山民们饿得没办法，便一个个出来投降，到嘉禾六年（237）底，终于达到他预计的人数，他自己领了其中一万，其余的分给诸将（《吴志·诸葛恪传》）。由此，"平山越事毕"（《吴主传》）。

治理山越，是吴立足江东、深入开发江南的一个过程，由此把更多的人民、土地，纳入到吴的政治版图，站在吴人的立场，便是如薛综所说，使"藜蓧良莠，化为善草"。不过所谓蛮夷、山越，本来都有自己的习惯，也不是说抓差就抓差、说驯服就驯服的。

五

黄武三年（224）四月，刘备为陆逊所败，死在白帝城。九月，曹丕到广陵，临江观兵，叹道："彼有人焉，未可图也。"吴的形势越来越好，黄武五年，陆逊便提出"施德缓刑，宽赋息调"的要求，没想到孙权不同意。他说刑罚是用来威胁小人的，我这是"先令后诛"，至于收税和征兵，则是由于"天下未定"，必须有充分准备，"若徒守江东，修崇宽政，兵自足用，复用多为？"孙权指出问题的根本，在于是否"徒守江东"，这是他与陆逊最大的分歧点。孙权的理想，是如鲁肃曾经描绘的那样，立足江东而"建号帝王以图天下"，可是陆逊的眼光，却始终离不开江东。

韦昭写过一首题为《章洪德》的鼓吹曲，赞美吴国："章洪德，迈威神。感殊风，怀远邻。平南裔，齐海滨。越裳贡，扶南臣。珍货充庭，所见日新。"他所谓"感殊风，怀远邻"，主要是讲孙权时代向南海以及辽东的拓展。其中最有名的，便是在孙权称帝的第二年，派将军卫温、诸葛直"将甲士万人浮海求夷洲及亶洲"。

本来孙权的计划是要取夷洲和朱崖，夷洲即今日台湾，朱崖在海南岛，但他与陆逊一谈，陆逊立刻反对，指出这些年打仗，打得四处疲敝，眼下"四海未定"，仍然需要民力，为什么要劳师动众地去那么远的夷洲？"万里袭取，风波难测。"而朱崖那地方险峻，"民犹禽兽，得其民不足济事，无其兵不足亏众"，也根本没有价值。孙权去问全琮，全琮也是这个话，认为"殊方异域，隔绝障海，水土气毒，自古有之"，去的人都恐怕回不来，不值得。

这样孙权便放弃朱崖，改往夷洲和亶洲。亶洲，有人说是菲律宾，也有人说是日本，有传说讲秦始皇派徐福率童男童女数千人到海上求神山仙药，去的就是亶洲。对当时人来说，从会稽出发，无论是到夷洲还是亶洲，"所在绝远"，都是极大的冒险。卫温、诸葛直率领的上万人船队，这一次就没能到达亶洲，只带了几千个据说是夷洲的人回来，而他们自己的损失更大，"军行经岁，士众疾疫死者十有八九"，孙权便因为这一点，把他们杀了。

这一次向南拓展的失败，并没有阻止孙权扩张的野心，嘉禾元年，他又派将军周贺、裴潜渡海前往辽东。虽然周贺途中遭魏国田豫杀害，可是，辽东太守公孙渊却让宿舒、孙综来"称藩于吴，并献貂马"，这让孙权兴奋得不得了。据《吴主传》裴松之注引《江表传》说，由于他未行郊祀之礼，大臣们有所议论，他反驳道："郊祀当于土中，今非其所，于何施此？"意思是行礼要到中原去行，在这里算什么？现在，他终于往北挂上辽东，似乎有机会实现这一梦想，所以第二年，他就封公孙渊为燕王，表示"将与戮力，共定海内"。他在诏令中说："今因天命，远遣二使，款诚显露，章表殷勤，朕之得此，何喜如之……普天一统，于是定矣。"然后便叫张弥、许晏率万人陪同宿、孙渡海返回辽东，同时以九锡备物、金宝珍货相送。

张昭、顾雍等大臣都以为公孙渊未必可信，而起来反对，顾雍说："此国之大事，臣以死争之。"（《太平御览》引《魏国统》）张昭认为公孙渊不过是"背魏惧讨，远来求援"，如果他改变主意，又去向魏国表忠心，两位使者白白送命，"不亦取笑于天下乎"？孙权听了"案刀而怒"，愤愤地说："吴国士人入宫则拜孤，出宫则拜君，孤之敬君，亦为至矣，而数于众中折孤，孤尝恐失计。"他一意孤行，不计后果，结果不出张昭等所料，远道而去的吴国使者被斩首献给了魏国，士兵们死的死，逃的逃，公孙渊却因此获魏国之封而为大司马、乐浪公。

孙权闻听噩耗，怒不可遏，准备亲自远征辽东："朕年六十，世事难易，靡所不尝，近为鼠子所前却，令人气涌如山。不自截鼠子头以掷于海，无颜复临万国。就令颠沛，不以为恨！"（《吴主传》裴松之注引《江表传》）陆逊、薛综等拼命劝阻，陆逊说话很有技巧，他说吴国"破操乌林，败备西陵，禽羽荆州"，打败这三个"当世雄杰，皆摧其锋"，已经证明了自己的实力，眼看就要"荡平华夏，总一大猷"，何必为一个"未染王化,鸟窜荒裔"的公孙渊,就放下"强寇在境,荒服未庭",而亲自"乘桴远征"?薛综还总结了不必征讨辽东的理由,共三条:一是那地方太冷,种不下粮食,那地方的人也是"民习鞍马,转徙无常",你去了,人家骑马跑掉,留下的空地,实在没什么用。二是"海行无常,风波难免",谁知道路上就会出什么事儿。三是海水和海上空气都很咸湿,容易使人生"流肿"并且传染。有这三条,最好还是不去,"中国一平,辽东自毙,但当拱手以待耳"。连番劝说之下,才打消了孙权北伐的念头。

而据《吴主传》裴松之注引《吴书》说,随张弥、许晏到辽东的秦旦等人逃到高句丽,高句丽王宫后来送他们回吴,孙权又派使者拜宫为单于。这样过了好几年,至公孙渊为魏国所灭,他还派人到辽东探查消息。

六

孙权长寿,他十九岁为讨虏将军、四十八岁称吴国皇帝,登基虽晚,却活到七十岁以上,使吴国政局在较长一段时间内保持了稳定。

孙权时代也有过两次危机。第一次是在他称帝前,黄武四年前后,吴人暨艳为选曹尚书,暨艳是张温推荐的,张温出于吴的四大家族,官至太子太傅,可是,他推荐的暨艳看不惯当时官场作风,"见时郎署混浊淆杂,多非其人",便根据自己新的标准,"弹射百僚,核选三署,率皆贬高就下,降损数等",就连丞相孙邵,不得已也"辞位请罪"。陆瑁写信给暨艳，提醒他应该"嘉善矜愚，忘过记功，以成美化"，暨艳哪里肯听，导致他在官场上积怨甚深，不久，那些被他弹劾的人就团结在一起，反过来举报他"专用私情，爱憎不由公理"。孙权下令处理此事，最后暨艳自杀，张温也遭撤职，他弟弟张祗、张白都受连累被废黜。张家本来与顾、陆两家还有婚姻关系，张白娶的陆逊从妹，他们的一个妹妹嫁的是顾雍孙子顾承，但这些都没能帮上忙，没能使张氏家族摆脱厄运。

第二次是在孙权称帝以后，他用吕壹、秦博为中书，典校诸官府及州郡文书，由于吕壹疾恶如仇，完全容不下贪腐之人，"疾贪污在位，欲沙汰之"，而又"性苛惨，用法深刻"，以至于在监督过程中，也造出不少冤案、假案，人心惶惶，上到丞相顾雍、陆逊，都不能幸免。据《吴志·陆逊传》说，当时陆逊与太常潘濬"同心忧之，言至流涕"。《吴志·潘濬传》也说："吕壹操弄威柄，奏按丞相顾雍、左将军朱据等，皆见禁止。"眼见剑已经悬到顾雍头上，潘濬还从武昌赶到建业，打算乘百官聚会，手刃吕壹。步骘在上疏中表示吕壹吹毛求疵，使"无罪无辜，横受大刑"的做法，固然"使民踢天蹐地，谁不战栗"，但是他轻忽人命，也会遭到怨恨，更严重的是舆论纷纷，而"一人吁嗟，王道为亏"。他要求至少能让顾雍、陆逊、潘濬这几个人得到豁免，使他们安心。赤乌元年，吕壹终于遭揭发被杀，孙权也"引咎责躬"，他对诸葛瑾、步骘等大臣说："今日诸君与孤从事，虽君臣义存，犹谓骨肉不复是过。荣福喜戚，相与共之",希望他们仍能保持"同船济水"之心。

很多学者研究暨艳、吕壹案,认为孙权前后用这两人,主要还是针对吴的顾、陆、朱、张等几大家族,是为了巩固皇权而限制他们家族势力的滋长,因此,张温在暨艳案后,虽"免罪为幸",六年后才去世,但张家却从此无声无息。而据说诸葛亮听到张温被放黜,起初怎么也不能相信,后来才推测是由于"其人于清浊太明、善恶太分"(《吴志·张温传》裴松之注引《会稽典录》),说明暨艳案以张温兄弟被废收场,对当时人来说,是一个很大的意外。

不过,各大家族毕竟是吴国稳定的政治基础,当时的孙权还能及时收手,因而才没有造成吴国内部的彻底撕裂。孙权在吕壹案后,向一些大臣保证他们的"骨肉关系"不会改变,也实在是意味深长。而到了孙权晚年,发生"二宫构争",这时便是吴国出现政治上的裂痕的开始。

七

孙权称吴王后,首先立长子孙登为太子。孙登出身"庶贱",是徐夫人抚养大。

孙权娶妻,见于《吴志·妃嫔传》的有前后六位。第一任会稽山阴谢夫人,是他母亲所选,在有了徐夫人之后便失宠,早早死掉。第二任便是这位富春徐夫人。徐夫人的祖父为孙坚好友,并娶孙坚的妹妹,生下徐琨。徐琨曾跟随孙坚、孙策、吴景征战,他儿子徐矫、徐祚也为吴立下过战功,他女儿先嫁给同郡的陆尚,陆尚死后,便为孙权所聘,主要是为了照顾孙登。孙登为太子，本来应该是徐夫人为后，可孙权意在步夫人。步夫人是以容貌而为孙权所爱的，她生的两个女儿，鲁班先后嫁给了周瑜的儿子周循和全琮，鲁育先后嫁给了朱据和刘纂。孙权为了步夫人立后，与大臣们争执，"依违者十余年"，最后徐夫人也死了、步夫人也死了，步夫人才得到追认。

第四任是琅琊王夫人。王夫人于黄武年间被选入宫，生下孙和。赤乌五年（242），孙和十九岁被立为太子，本来这就该立王夫人为后，但是步夫人的女儿鲁班即全公主反对，令王夫人忧郁而死，孙和也渐渐失宠。于是就有了第五任南阳王夫人，于嘉禾年间被选入宫，生孙休。不过当时太子孙和及琅琊王夫人正受宠，南阳王夫人与其他妃嫔一样也只好离开建业，最后死在公安。第六任会稽潘夫人，原来是一个违法被判死刑的小吏的女儿，和她姐姐一道被发落到织布室，孙权看到后，将她带入后宫。潘夫人生孙亮，赤乌十三年（250），由于鲁班的劝进，孙权立孙亮为太子，太元元年（251），潘夫人立为皇后。然而，潘夫人不仅"性险妒容媚"，政治上也颇有野心，在孙权病重时被人勒死，而潘夫人死后两个月，孙权也就去世。

陈寿记载的孙权夫人，比曹操、刘备的都多，这些夫人还都死在孙权的前面。年轻时，孙权看重的是夫人的家庭背景，婚姻也是维系家族关系及利益的一个纽带，越到后来却是越看淡这一因素，就是单纯地凭"喜欢"。他晚年游幸诸营，在路上遇见何姬，马上赐给孙和，何姬生下孙皓，他也欢喜不尽，为孙子取名彭祖。

孙权一开始立孙登为太子，对孙登的培养，"选置师傅，铨简秀士，以为宾友"，也曾相当用心。当时"东宫号为多士"，与孙登为伴、"侍讲诗书，出从骑射"的，主要是诸葛瑾的儿子诸葛恪、张昭的儿子张休、顾雍的孙子顾谭以及庐江人陈表这几个人，显示为一个很可观的吴二代阵容。黄武四年，孙登又娶了周瑜的女儿。黄龙元年以后，他在武昌，则由陆逊为首辅。但不幸孙登在立太子二十三年后的赤乌四年，三十三岁时去世。

赤乌五年，十九岁的孙和继立为太子，他的胞弟孙霸同时封鲁王。兄弟俩本来彼此不分，却由于全公主的介入，产生矛盾，互相不服，闹到孙权出来禁止他们见面，责令各自闭门读书反省。由于全公主的丈夫是全琮，她母亲步夫人与步骘为淮阴同族，所以，当"二宫构争"时，全琮、全寄父子以及步骘等人就站在全公主的一边，支持孙霸，而陆逊、诸葛恪等人则是主张"太子正统，宜有磐石之固"，嫡庶不可混淆，支持孙和。在大臣之间，于是分成了太子党和鲁王党，很多人卷入其中，产生了政治上的分裂。

赤乌十三年（250），失去耐心的孙权宣布废太子，后来还将孙和送到长沙为南阳王。太子一党，如顾谭、顾承兄弟和张休等都流放到交州，张休后被赐死，朱据也被赐死，太子太傅吾粲下狱被杀，陆逊则在愤懑中不久去世。吴的顾、陆、朱等几个家族，这一次深受重创。同时，孙霸也被迫自杀，全寄等"坐阿党鲁王霸赐死"。

孙权废孙和,再立小儿子孙亮为太子。他病重期间,意识到孙亮没有资格做太子,想要召回孙和,却已经来不及。

孙权的死,对吴国来说,是一个时代的结束,不过在他的时代形成的政治格局,尤其是依靠吴的孙氏、陆氏等家族势力的习惯并没有变。陆逊的孙子陆机后来写《辩亡论》,就说到了最后的孙皓时代,"典刑未灭,故老犹存",他父亲陆抗、陆抗的同族兄弟陆凯以及会稽贺景的儿子贺邵都是最重要的支柱,"元首虽病,股肱犹良"。而到东晋之初,两个北方的名门大族之人王导和司马睿也还是知道要在江南扎根,就必须得到江南大族的支持,王导说:"顾荣、贺循,此土之望,未若引之,以结人心。二子既至,则无不来矣。"(《晋书·王导传》)顾荣便是顾雍的孙子,贺循是贺邵的儿子,他们仍然代表着吴和会稽,是支撑首都建业最重要的力量。

后 记

从二〇〇九年起,我在复旦大学为大一学生开了一门读《三国志》的通识课,三轮讲下来,积攒了一些讲义,今年我把这些讲义全部整理一遍,收在这本书里。

《三国志》总共六十五卷,《魏志》三十卷、《蜀志》十五卷、《吴志》二十卷,从纪传的篇幅和内容上看,《魏志》无疑是最丰富的,因此十讲里面,选入《魏志》的纪传也最多。

首先一口气接连讲《魏志·武帝纪》《魏志·文帝纪》《魏志·明帝纪》三篇,是因为它们可以当作一个时间轴,魏国的历史,上及东汉、下启西晋,所谓"三国鼎立",正是在这一阶段发生的事情。

现代妇女史的研究者强调,人类的历史应该有一半是妇女史,《三国志》的魏、蜀、吴三书里面也有《后妃传》《二主妃子传》《妃嫔传》,这里选取《魏志·后妃传》中的《武宣卞皇后传》,就是以曹操的夫人卞氏作为三国女性的代表。

接下来选读的是《何晏传》,何晏这个人物,在魏明帝以后的齐王芳时代,发挥了很大作用。他在政治上一败涂地，但是在思想文化界却开了崭新的风气，这个新风气一直影响到两晋南北朝，几乎贯穿整个中古时期。

《魏志》里面还有一个《方技传》，一般讲述《三国志》的课，可能不太会讲到它，但它是陈寿在史书里的首创。它记载精通方技、术数的几个人，从中可以看到当时人对自然界及人本身的一些看法，包括处理这类事务的观念、知识和技术，有些类似于今天说的自然科学的东西。这里选的是其中的《华佗传》。

《魏志》的最后一个传，是专门记述周边民族、国家，主要是与魏有来往的乌丸、鲜卑、东夷。乌丸之亡，与魏的兴起有直接关系，因此这里首先选了其中的《乌丸传》。而东夷诸国，大体上是在今日所说东亚的范围，其中倭即日本，是第一次在中国正史里面出现，所以我也选了《东夷·倭传》。

《蜀志》里面，我选的是《诸葛亮传》。诸葛亮是先主、后主时代都位居关键的人物，在很大程度上主导了蜀国的国策。他自己也是一个有故事的人，三国的历史人物当中，还没有谁能像他那样，在后世、在整个东亚赢得人们的尊敬。

《吴志》中，选了《吴主传》。孙权是吴国的开创者，他活得也长，在他身上至少可以看到吴的大半部历史，更值得注意的是，他对建业即今天南京的建设，在江东依赖家族和豪门的政策，对江南及东南沿海、东南亚的开发，都显示出与魏、蜀很不一样的成就，这为以后东晋南朝甚至更远的将来，奠定了极为重要的基础。

《三国志》的作者陈寿,原来是蜀国人,蜀亡以后归入西晋,在西晋时写了《三国志》。对他的介绍,放在《前言》里面。

汉末三国时代,不只是现代人,当时很多人也都想象自己如同生活在春秋战国,天子式微、诸侯称雄。不光有诸葛亮自比管仲、乐毅,曹操求贤若渴,说"若必廉士可用,则齐桓其何以霸世",孙策见有人赞美张昭,也说"昔管仲相齐,一则仲父,二则仲父,而桓公为霸者宗。今子布贤,我能用之,其功名独不在我乎!"都是有齐桓公称霸之心。而毌丘俭欲立战功,上疏魏明帝,请求"以此方无用之士克定辽东",遭到卫臻的批评:"所陈皆战国细术,非王者之事也。"谯周分析蜀后主时的局面,以为是"六国并据"而非"秦末鼎沸"之际,主张学周文王、不学汉高祖,也都是拿战国来作比喻。

一方面,诸侯争霸,激励了魏、蜀、吴各自内部的发展,像禅让制、屯田制,都是这个时代在政治和经济上的创新。而为了争霸,它们也必须要向各自的边疆去求稳定、争资源,魏的征乌丸、打辽东、与朝鲜半岛及日本的往来,蜀的对云贵等西南地区的开发,吴的征山越和远航到东南亚,也都发生在这样一个背景下面。频繁的战争和激烈的对抗,甚至还带来了医学和军事技术的进步。就是在汉中与魏国紧张交战的那几年,诸葛亮改造了射击用的连弩,制作了运输用的木牛、流马。吴国张昭的侄子张奋也是在军中,二十岁便造出攻城用的大攻车。关羽手臂被毒矢击中，医生为他"破臂作创，刮骨去毒"，据说这也是中国最早的成功的外科手术。

另一方面，由于政治上分裂，秦汉时代大一统的意识形态随之瓦解，正如春秋战国有诸子百家争鸣，三国时代也是"异端"迭出，过去被边缘化的学说、被压抑的民间信仰，还有乘虚而入的外来宗教，从各个方面，一起打破了秦汉以来儒学独尊的局面。于是，有玄学的诞生，有佛教的传来，还有抒写个人情怀的文学成为主流，跟养生有关的神仙传说也大行其道。

所以，这也真是一个特别的历史时期。

傅玄在西晋时说过这样一段话："汉末王公，多委王服，以幅巾为雅，是以袁绍、崔钧之徒，虽为将帅，皆着缣巾。魏太祖以天下凶荒，资财乏匮，拟古皮弁，裁缣帛以为帢，合于简易随时之义，以色别其贵贱，于今施行，可谓军容，非国容也。"(《傅子》)服装本来很反映身份、等级，是一种礼，但是到了汉末，王公都脱下他们的礼服，就连袁绍那样"有姿貌威容"的人，都随俗去冠而戴幅巾，不要说曹操更会因陋就简，拿缣帛取代皮，做一种叫帢的帽子。看起来这也就是头巾、帽子一类服饰上的变化，但实际上，是由于过去的礼已经没办法再起约束作用，大家都各行其是，随着自己的喜好乱来，所以，傅玄说从曹操传下来的那个帢，只能代表"军容"，不能代表"国容"。而说到底，不代表

"国容",是因为傅玄说的那个"国",那个大一统的汉家王朝早已崩坏,作为其礼仪制度之象征的衣冠服饰,也早已被唾弃,一些新的潮流和趣味代之而起。

过去人常说,"天下大势,分久必合,合久必分",统一时代有统一时代的事业,分裂时代也有分裂时代的异彩,《三国志》呈现的就是这样一个分裂的时代。

二〇一五年冬至日于京都